マンガでわかる!

思春期の子を やる気にさせる 親のひと言

大塚隆司
otsuka takashi

SOGO HOREI PUBLISHING CO.,LTD

「自分で勉強するようになる」ってホント？

なあに？ちょっと待って
もーはやくー
なに？
今日学校でさ篤史がさー
ちょーやばくてそれでさ
手が止まってるわよ
続きは宿題のあとね
ママ！待って！
だから話はあとで…
ちがうよ！この問題わかんない
え？どれ？
これ…
問題よく読んだの？
読んだよ！ねぇ今日の晩ごはん何？
章末まとめ問題
それ宿題と関係ないでしょ!?
いいじゃんねぇねぇ何？
お刺身よっ
え〜っ、刺身？あとは？
もう!!
ドカーン
ちゃんと勉強やりなさいっ
うわ

はーい…
はぁーー
なんで黙って勉強できないのかしら…
エピソード③ 勉強せずに済ませようとする子ども
茂之、伸治 もう宿題おわったの？
今のうちに済ませちゃいなさい
夜に見たいテレビあるんでしょ
はーい
茂之は？
あとでー
夕食後ーー
ごちそうさまー
ピ
ちょっと茂久！あとで宿題やるって言ったでしょ！
わかってるってこれ見たあと！
あとっていつ？
いちいちうるさいなー！やるって言ってんだろ！
お風呂入って寝ちゃうクセに！
言われなくてもちゃんとやってくれれば私だって言わないわよ！
はいはい
私の言うことはちっとも聞かないんだから…

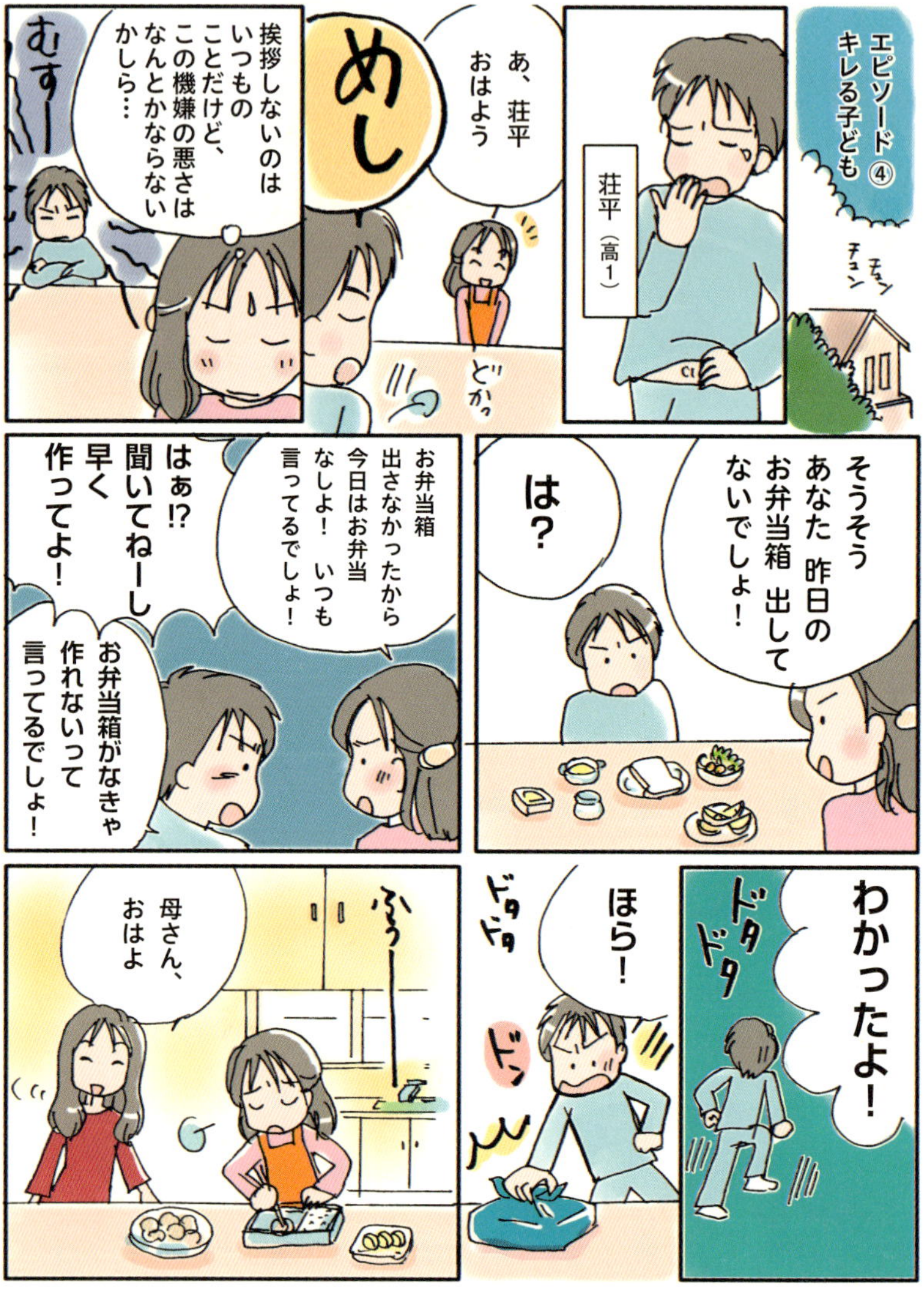
エピソード④
キレる子ども
チュン チュン
荘平（高1）
あ、荘平
おはよう
めし
どかっ
挨拶しないのはいつものことだけど、この機嫌の悪さはなんとかならないかしら…
むすー
そうそう あなた 昨日の お弁当箱 出して ないでしょ！
は？
お弁当箱出さなかったから今日はお弁当なしよ！ いつも言ってるでしょ！
はぁ!? 聞いてねーし 早く 作ってよ！
お弁当箱がなきゃ作れないって言ってるでしょ！
わかったよ！
ドタドタ
ほら！
ドタドタ
ドン
母さん、おはよ
ふぅー

おはよう今日は早いのね
うん
ひょいぱく
おいし♡
バタバタ
弁当まだーっ!?早く早く!遅刻するっ!
はいっ
こんど出さなかったら本当に作らないからね!
聞いてない↓
パタン
いってらっしゃ…
ふーーー
かあさんも大変ね
いかがでしょう
こういった子どもたちをやる気にさせるにはどうしたらいいのでしょうか?
私は塾に勤め始めて10年以上ずっとこのことを考えてきました!

私は今カウンセリングやコーチング、心理療法を活かした家庭教師をしています
生徒の中には不登校、ADHD、LD、アスペルガーといった子どももいます
すんなりうまくいったことは一度もありません
それでもあれこれ接しかたを変えて関わっていると
子どもはだんだん変わってきます
先ほどの子どもたちも…
らんらーらら
はーい
今日は4時から漢字ね!
さいきん集中できてるね!
うん!漢字を書くのって楽しい♪お絵かきみたいだもん
「社会科見学の班長になった健一は、工場を見学し終えたときに工場長さんにひとつ質問をしました」
「それは健一が以前からずっと疑問に思っていたことでした」
「工場長さん、なんでこの街にはタオルの工場がたくさんあるんですか?」
オッホン
「いいところに気がついたね!」

悠馬 じゃあ、これどうしてだと思う？
ええ わかんないよー
じゃ、その先を読んで考えてみようか？
うん！
さいきん読解問題が得意になってきたわね！
うん！ 音読すると答えがわかるようになってきたんだ！
茂之、しゅくだ…
もうやったよ
え？もうやったっていつ？
学校の休み時間に。疑ってるなら、見てみれば？
ノート机の上にあるよ
う…
ちゃんとやってるなら別にいいけど
とは言え気になる。
そろーーり…
いつのまにこんなに！
何も変わってないようだけど茂之なりに成長しているのかな…
口うるさく言うのやめようかな…
ただいまー
つかれたーー
ドカッ

荘平 さいきん お弁当箱 出してるね
あいさつもするし
そうね さいきん 忘れないわね 前は「ただいま」すら言わなかったのに
うめー
ぱくぱく
あるんです！
やる気にさせる方法は誰にも！
やる気の〝スイッチ〟の場所と押しかたはみんな違います
今度は どれかなー
先ほどのような子どもたちはスイッチの押しかたが難しいんです
でも ひとたびスイッチが入ればメキメキ力を発揮します
そして そのやる気はいろいろなところに飛び火します
塾や家庭教師で子どもたちと接してきた経験とコーチングや心理療法のテクニックを合わせて「やる気にさせる方法」と出合いました。
え！ たった こんなことで うまくいくの!?
そうなんです！
ちょっとした簡単な方法ばかりです
皆さんにも知っていただきたくてこの本を書きました！どうぞお楽しみ下さい！

はじめに

子どもと接する時に、私が強く意識をしていることがひとつあります。
それは「子どもが持っている資源をいかにうまく活用するか？」です。

子どもの中にはとてもいろんな資源が埋まっています。
素直さだったり、真面目さだったり、熱心さだったり、おとなしさだったり。
それらの資源をどう活用して、子どものより良い成長につなげていくか？

とはいえ、実際に子どもが持っているのは今挙げたような使いやすい資源ばかりではありません。
マンガの中に出てきたように、そのままでは到底活用できないようなものもあります。
勉強中に大きな声で歌を歌う
おしゃべりばかりで集中できない
うそをついてまで勉強から逃げたがる

やたら反抗ばかりする

これらは一見すると、到底資源のようには思えません。

しかし、こういった使えそうもない資源も含めて、子どもが持っている資源の活用の仕方次第で、子どもはメキメキやる気を出しますし、大きく成長の一歩を踏み出します。

一見するととても使えそうもない資源が、実は子どもにとっては大きな価値を持っていたりするのです。

だとすると、私たちが考えなければならないのは、子どもが持っている資源をどうやって活用するかです。

子どもが、自分が持っている資源に大きな価値を見つけることができた時、体の奥からやる気があふれてきます。前に進もうという意欲も生まれ、活動的になります。

そして思いがけないような良い結果が生まれ、子どもの自信につながります。

しかし、自分の資源に価値を見出せない子どもは、自分自身に価値を持てなくなってしまいます。当然、やる気も自信も行動も失われていきます。
もちろん、子ども自身で価値を見出すこともできますが、周りの大人の協力があるかないかでは、大きな違いが生まれます。

資源というのは、長所や特技のように良いところだけではありません。短所や欠点、弱点も含まれます。子どもの特徴や個性すべてです。それらを活用するのです。

子どもの流れに逆らわず、
流れに沿って、
子どもの力を活用して、
より良い結果を生み出します。

反対に、
子どもの流れを遮って、
親のやり方で、

親の力を使って、
親の思うようにやらせようとするとうまくいきません。

長所も短所も、強みも弱みも、とりえも欠点も全部ひっくるめて子どもが持っている資源をどうやって活用するかが大切です。

特に意識しなければいけないのは、反抗する、さぼる、集中力散漫、不真面目、落ち着きが無いなど、どちらかというと無ければいいと思うような資源をどう活かすかです。

実は、子ども自身もそれらの活かし方を知りたいと思っています。

では、具体的にどうしたら子どもの資源を活かせるのか？
どうやって接したら、どう声をかけたら、そんな資源を活かすことができるのか？
それを次の章から書いていきます。

大塚隆司

思春期の子をやる気にさせる親のひと言 ● もくじ

第2章 子どもをやる気にさせる接しかた

第3章 子どもの性格に合わせた教えかた

第4章 家族で目標を共有するコミュニケーション

※本書でご紹介しているお話はすべて実話ですが、登場人物の氏名、学年、性別等の情報は、プライバシー保護のためすべて架空のものを使用しております。ご了承ください。

第1章 ★ 子どもが自信を持つと成績はぐんぐん伸びる

自己肯定感と成績はひとつのセット

アドバイスは「肯定プラス提案」

「ポジティブな勘違い」で自信を引きだす

未来に向けた質問、過去に向けた質問

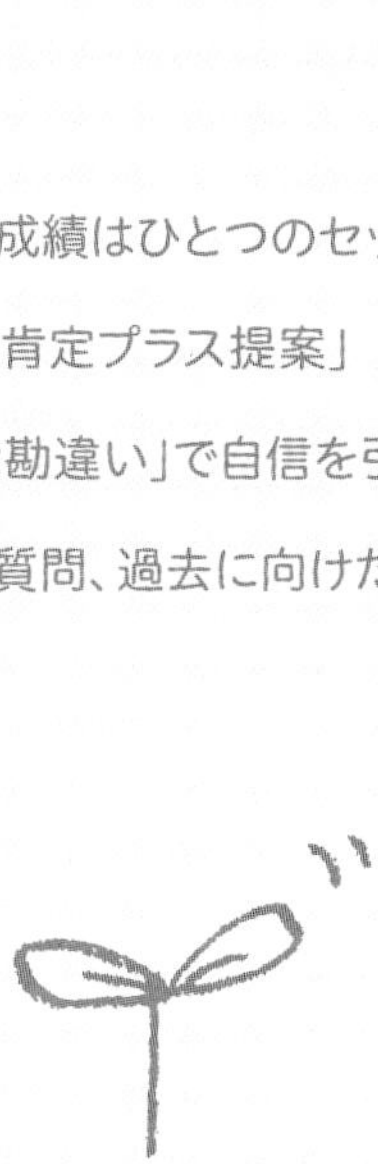

○○塾
おかえりー
佳奈
清美
賢治くん ○○中合格 おめでとうっ
よかったわねー
うんっ ありがとう
智之(小6)
賢治(小6)
智之はこれから受験だから頑張らないとね
うん
一時はどうなることかと思ったけどねぇー
一年前はぜんっぜん勉強しなくて
覚えてる?
覚えてるわよ 心配してたもん!
一年前ーー
賢治ーっ
またゲームして勉強は?
勉強おわったもん
30分しかしてないでしょっ

塾でやってるよ!
塾でだけやったって成績は上がらないのよっ他の子は塾でも家でもやってるのよっ
○○塾
ボー…っ
賢治くんの様子なのですが
もう少し授業に集中しないと成績は上がりません
やる気が見られないんです
はぁ…
どうしたらいいんでしょう?
賢治くん自身のやる気の問題ですから
やる気…
賢治! やる気ないなら塾やめさせるよ!
やる気あるじゃん! やる気ないって勝手に決めないでよ!
何この点数!!
わー
今回はラッキー☆
あそぼーっと
ふー

あの頃とはまるで
別人みたいだけど
何かキッカケが
あったの？
大変だったあの日々…
ハッ
そ、そうね
キッカケと言える
かどうか分かんな
いんだけど——
「自己肯定感」かな
自分を肯定する
気持ち？
なんか本で読んだことあるような…
ってこと？
そう！
ありのまま
そう！
ありのままの自分を
認める気持ちって言うのかな
それを意識して
賢治に接するようにしてみた
考えてみると前は
「何で賢治は勉強しないん
だろう」
「どうして言うことを
聞かないんだろう」
ってことばかり
考えていたの
それじゃあ
上手く
いかなかった
ただ苦しいだけ
また！
あはは
何とかして変えよう
って思ってたから
賢治のことを認めて
いなかったし
賢治も自分のことを
認められなかった
と思う
なんで
わかって
くれないの…
ママは
わかって
くれない…

ありのままの賢治を
より輝かせるには
どうしたら
いいのかなって
考え方を変えたの
ふんふん
どうやって？
例えば――
賢治はもともと
飽きっぽいから
15～30分位で短く
勉強するようにしたり
今から
6:15まで集中！
うん！
テストを見るときも
間違えた
問題じゃなくて
合ってる問題を
見るようにしたり
ここよくできてるね!!
この問題は
得意ね！
テスト
でもさ できない問題を
見るようにしないと
点は上がらないんじゃ
ない？
できる できない
うーん できない問題を
できるように
するんじゃなくて
「できる問題を増やす」
ってことかな
見てるところが違うのよ！
できないところじゃなくて
できるところを見るの
あら…
ママー はい テスト！
それから賢治はどんどん
変わって 勉強を嫌がらなく
なっていったわ
私がやったのは
それくらいよ！
勉強を教えられる
訳じゃないからね！
あはは
それは私も一緒！
ねー お腹空いたー
もう帰ろうよー
はーい

自己肯定感と成績はひとつのセット

自分を好きになると行動が変わる

成績を上げるために最も大切なもの、それは自己肯定感を上げることだと考えています。

自己肯定感とは自分を認める気持ちです。今の自分をＯＫだと思えているかどうか、もっと簡単に言うと、今の自分が好きかどうかです。

子ども達に「ねぇ、自分のことって好き?」と聞くと、ほぼ全員が「あんまり好きじゃない」「嫌〜い」と答えます。

これにはもちろん照れや謙遜も含まれていますし、自分のことを好きなんて言うとナルシストだと思われる、という妙な警戒心もあります。

ですが、それを差し引いたとしても、自分のことを好きだと思えている子どもの割合は非常に低いです。

その理由は大きく分けて2つあります。

ひとつは自分の良さ・長所・強みを理解せず、受け入れられていないということです。自分を好きじゃない子の多くは自分のことを分かっていません。

自分はどんなところが優れているのか。人よりうまくできることは何なのか。自分が活躍できるところはどんなところなのか。

それが理解できていないので、自分を認められず好きになれていません。

また、それを知っていたとしても受け入れられていないことも多くあります。

真面目な子は、自分の真面目さを良さと受け入れずに「もっとおもしろおかしくやれたらいいのに……」とおもしろさを求めたりします。

慎重な子は、自分の慎重さを長所と受け入れずに「なんでもドンドンやれたらいいのに……」と大胆さに憧れたりします。

続けることが得意な子は、自分の持続力を強みとして受け入れずに「続けてるだけじゃ意味がないのに……」とやめる勇気を持ちたがります。

無いものねだりとも言えますし、自分が持っている良さ・長所・強みに価値を持てていないとも言えます。

ですから、まずは自分の良さ・長所・強みを知って、それを受け入れることが必要です。

もうひとつはその力を発揮できているかどうかです。

自分の良さ・長所・強みを活かせているかどうか、その分野で力を出せているかどうかです。

自分の良さ・長所・強みを分かっていても、それを活かせていなければ宝の持ち腐れです。「俺はやればできるんだ」と自信を持っていても、まったく行動に移さず、結果も出せていないとしたら、きっとそんな自分にはOKは出せないでしょう。自信を持って「今の自分が好き」とは言えません。


自分を好きになるためには、自分が持っている自分の良さ・長所・強みを活かせているいることが大切です。

発想力が豊かな子であれば、グループ活動などでいろんなアイデアを出してグループを活性化させたり。

おとなしい子であれば、一緒にいる友達の心を和ませられたり。

お世話好きな子であれば、友達の手助けをして「〇〇ちゃんがいると安心だよ」と言ってもらえたり。

そうして自分が持っている力を発揮することで、自分に自信が持て、その自分を好きになれます。


ですから自己肯定感を上げるためには――自分を好きになるには、自分の良さ・長所・強みを理解し、それを受け入れ、そして、その力を発揮することが必要です。その2つが揃って初めて自己肯定感が高められます。

なぜ、自分を好きになると成績は上がるのか？

では、自己肯定感が上がるとなぜ成績が上がるのでしょうか？

やる気と成績のサイクル

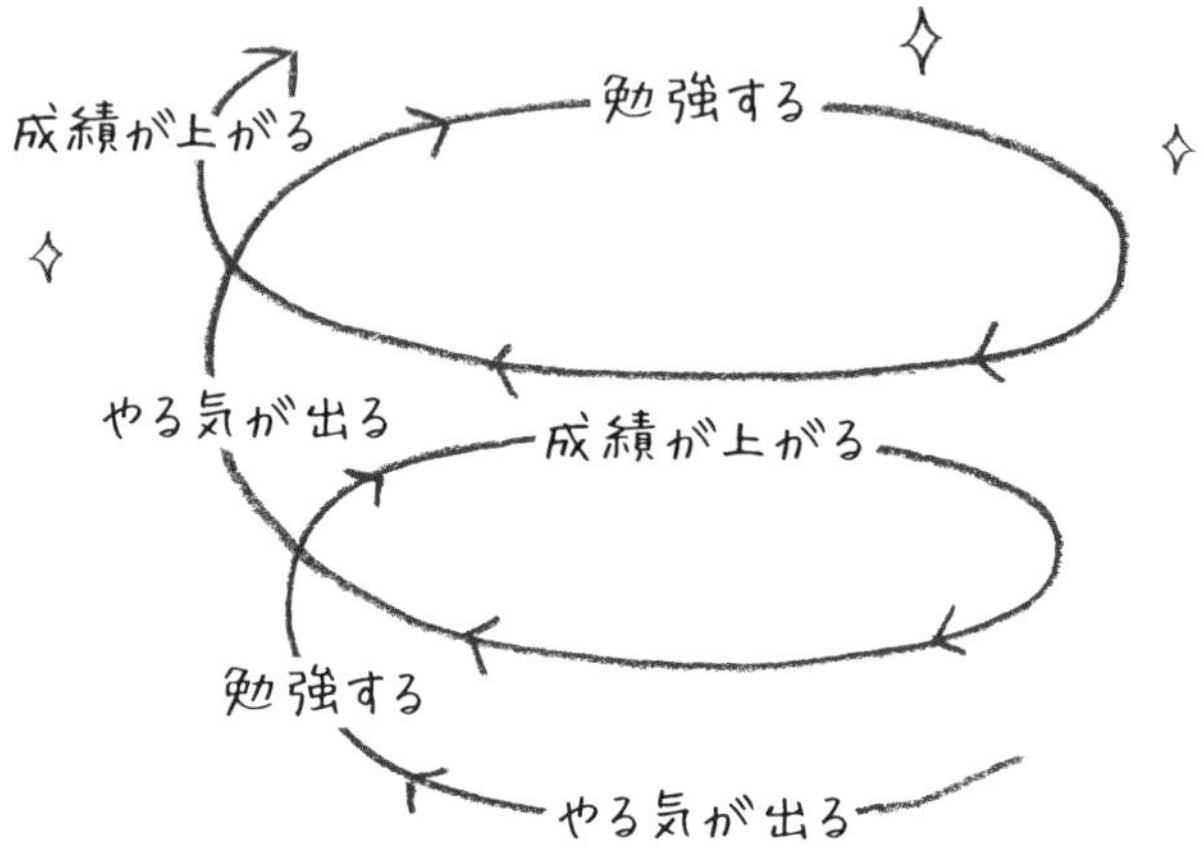

それは成績が上がるサイクルができるからです。成績が上がるサイクルとは、

やる気が出る↓勉強する↓成績が上がる↓（成績が上がると）さらにやる気が上がる↓さらに勉強する↓さらに成績が上がる↓さらにさらにやる気が上がる↓……

という循環です。

この「やる気が上がる」「勉強する」「成績が上がる」の3つはつながっているので、始まりはどこからでも構いません。「勉強する」から始まってても「成績が上がる」からはじまっても、**このサイクルさえ作ることができればいいのです。**

このサイクルができあがると、ちょうどらせん階段を上がるように成績が上がっていきます。

そして、このサイクルを作るために必要不可欠なのが自己肯定感です。自己肯定感が高いか低いかが、このサイクルがつながっていくかどうかに強く影響します。

＊やる気が上がるかどうか＊

自分の良さ・長所・強みが受け入れられていなければ、やる気は上がりません。「自分はやればできる！」「勉強すれば成績が上げられる！」と感じられているから「やろう！」という気持ちが起こるのであって、「やってもどうせ無理だ……」「私にはできないもん……」と思っていたらやる気は起こりません。

＊勉強が続くかどうか＊

自分の良さ・長所・強みを受け入れずに、「無い物ねだり」ばかりしていたら自分の力を発揮することはできません。そんな状態では勉強は続きません。

やらされている勉強は長続きしませんが、自分が持っている力を活かせていれば、イキイキと勉強が続けられます。

また実際には一生懸命に勉強したのに成績に表れないこともあります。「あんなに勉強したのにテストが悪かった……」という時に、そこでくじけてしまうか、それとも持ちこたえられるかは自分を活かせているかどうかで違ってきます。

勉強をすることそのものに自分を活かせていれば、結果が出なくても続けられますから。

良い成績を「ラッキー」で終わらせない

良い成績が出た時に「よしっ！　次も頑張ろうっ！」と次へのステップになるか、「ラッキー！　もういいや」とそこで止まってしまうかは、どうやってその結果を出したかによって大きく変わってきます。

自分が持っている力を発揮して手に入れた結果であれば、それは自信になりますし、次へのやる気につながります。

自分の力ではなく誰かのおかげであったり、たまたま運が良かったのであれば、それはその時限りになってしまいます。

実際、多くの生徒、多くのテストを見ていると、たまたま運が良くて良い成績が出ることは多くあります。

私のような立場からすると、「これをきっかけに、やる気を出してくれればいい」と思うのですが、そうなるかどうかは、その結果をどうやって手に入れたかによって違ってくるようです。

「運も実力の内」なのか、「ただのラッキー」なのかは、そこに至るまでの自分が好きかどうか、その自分にOKを出せているかどうかによって変わってきます。ひとつの結果を次のやる気につなげるために、そこは重要なポイントです。

こういった理由から成績を上げるためには自己肯定感を上げることが必要ですし、言い換えると、自己肯定感を上げることで成績が上がるとも言えます。

自己肯定感と成績はひとつのセットなのです。

次の項目から具体的にどう接したら子どもの自己肯定感を高めることができ、成績アップにつなげることができるのかを紹介していきます。

アドバイスは「肯定プラス提案」

ただいまー
今日はやけに一生懸命勉強しているな
どうしたんだ？
父
理系の商社マン
とうとうやる気を出したのよ！今日は自分から漢検を受けるって言い出して！
テキストも自分で買ってきたのよ♫
へえ
でもなんで漢検なんだ？
だって受験には漢字がつきものじゃない？漢字が読めなきゃ文章題も解けないし智也はずっと漢字が苦手で心配だったからほっとしてるの
……
うーん…
なぁ智也

なあに？
今から勉強するなら英検のほうが良いんじゃないか？
智也の志望校は英語教育に力を入れているんだろ？
いいよ別に 漢検受けるんだもん
智也の志望校には国際学科があって中学に入ったら全員英検を受けることになってるんだ英検を取れば面接のときのアピールポイントにもなるぞ
漢検じゃダメってこと？
ダメじゃないけど英語は中学だけではなく高校・大学・社会人になっても使うからずっと役に立つ父さんは英検を受けてみたらどうかと思うんだ
ふうーん…

智也――
漢検の勉強
しないの？
翌日――
うん もういい
もういいって…
昨日あんなに
やる気だった
じゃない
だって
父さんが
漢検よりも
英検だって
え？
じゃあ
英検を
受けるの？
受けない
か…漢検は？
ピコ
ピコ
もうどっちも
受けないよ
ピコ
ピコ
えええぇ〜〜
!?

アドバイスは「肯定プラス提案」

アドバイスがやる気を奪うとき

子どもと接していてうまくいかないことのひとつにアドバイスがあります。

特に、思春期の子どもには親切心でアドバイスをしても、なかなか受け入れてもらえませんし、それどころか「もう黙ってて！」と怒られてしまうこともあります。

なぜ大人からのアドバイスは子どもに受け入れられないのでしょうか？


私が知っているだけでも、この智也くんの家のようなやりとりはいくつも聞いたことがあります。子どものことを思ってアドバイスをしたことが、逆に子どものやる気を奪う結果になってしまったケースです。

後になって智也くんに理由を聞いたところ「だって、父さんが受けるなって言うから」と言っていました。

決して、お父さんは漢字検定を受けるなと言ったわけではありません。今から勉強するのであれば、英語の勉強の方が良いんじゃないかとアドバイスをしただけです。それを智也くんは「漢字検定を受けるな」と感じてしまったわけです。

なぜこんなことが起きてしまったのでしょうか？


実は、このようなアドバイスをした時のコミュニケーションの行き違いの原因は、アドバイスの意味を分解すると分かります。

「○○の方が良い」というアドバイスを分解すると、次のような2つのメッセージが含まれます。

① そのままでは良くない
② 自分の意見の方が良い

智也くんの例で言うと、

① 漢字検定では良くない
② 英語検定を受けた方が良い
という2つのメッセージです。

わかりやすく言うと「～はダメだ。しかし、～は良い」という「否定プラス提案」の形です。

すなわち、①（そのままでは良くない）で子どもの意見を否定するメッセージが含まれるのです。

子どもは往々にして①（そのままでは良くない）の否定のメッセージを強く受け取ります。

そして、自分の意見を否定されてしまうので、②（自分の意見の方が良い）の提案を受け入れたくなくなってしまうのです。

智也くんも①（そのままでは良くない）のメッセージを非常に強く受け取ってしまいました。極端な言い方をすると、「漢字検定を受けてはいけない。英語検定を受けなさい」と感じたのです。

結果的に、「漢検を受けるなって言うから受けない」「だったら、英検も受けない」と、やる気を失ってしまったのです。

お父さんの面目のためにも言っておくと、お父さんは決して漢字検定は良くないと言いたかった訳ではありません。

ましてや、智也くんのやる気を奪うつもりなどこれっぽっちもありませんでした。智也くんのことを思って、智也くんに良かれと思ってしたアドバイスなのです。しかし、結果的には智也くんのやる気を奪ってしまったのです。

大切なことは子どもの意見を尊重すること

こうしたアドバイスを子どもに受け入れてもらうためには、伝え方を変える必要があります。

「〜はダメだ。しかし、〜は良い」（否定プラス提案）

という形から、

「〜は良いね。そして〜も良いよね」（肯定プラス提案）

という形に変えるのです。

①の否定のメッセージを肯定に変えて、

① そのままでも良いね

②（そして）こういう意見も良いでしょ

というメッセージにするのです。

智也くんのケースで言うと、

「漢字検定を受けるんだね。頑張っているね！　検定といえば英語検定っていうのもあってさ、智也くんの志望している中学に入ったら全員が受けるし、高校・大学でも英語は使うから今のうちに一緒に勉強しておくと、将来役に立つよ！」

という感じです。

こうすると、漢字検定はそのまま良いものとして肯定的に認められていますし、それに加えて英語検定も提案できます。

漢字検定と英語検定のふたつの目標が同じように並べられて、ふたつの選択肢の中から選ぶことができるようになります。

何も否定することなく、魅力ある目標を増やすことができます。


実際には、このように「肯定プラス提案」の形でアドバイスをしたとしても、結果がどうなるかは分かりません。

「やっぱり僕は漢字検定が良い」

と言うかも知れませんし、うまくいけば、

「そっかぁ、英語検定ってものもあるんだ。それも受けてみようかなぁ」

となるかも知れません。

なかなかこちらの思うように都合良くはいかないかも知れませんが、少なくとも最初の会話のように「じゃあ、漢字検定も受けない!」ということにはなりません。

なぜなら子どもの意見はそのまま尊重されているからです。


この「肯定プラス提案」で接することで、子どもとの関係がうまくいった例はいく

つもあります。

中学3年生の貴也くんは飽きっぽい性格で、なりたい職業がコロコロ変わります。「僕、科学者になる！」と言っていたかと思うと、「刑事ってかっこいいね。僕、刑事になろうかな」と言いだしたり、「車の整備士になろうと思うんだけど、どうしたらなれるかな？」と相談してきたり。

お母さんはそのたびに「この前は科学者になるって言ってたじゃない！　あれはどうしたの⁉」「刑事はもうあきらめたの⁉　まったく続かないんだから……」とあきれていました。

これを「～は良いね。そして～も良いよね」に変えることでずいぶん変わりました。

「そうよね、刑事はかっこいいわよね。お母さん、貴也が刑事になったら友達に自慢しちゃおうかしら。この間言ってた科学者もかっこいいと思うわよ。どっちにする？」

「車の整備士ね。どうしたらなれるのかしら？　もし整備士になったら母さんの車の整備もお願いするわね。それと、前に言ってた刑事も捨てがたいわよね。科学者ってのも悪くないと思うわ。どれにする？　目移りしちゃうわね」

なんだか、なりたい職業が増えれば増えるほど、夢が広がる気がしませんか？

なれる職業がいっぱいあって、どれにしようか迷ってしまいそうですよね。働くことが少し楽しみになりそうです。

アドバイスも同じです。

「肯定プラス提案」でアドバイスをすることで、子どもの夢が広がって、先のことが楽しみになってくるのではないでしょうか。

「ポジティブな勘違い」で自信を引きだす

え！23点
まあ数学は苦手だもんね
ドンマイドンマイ
ヒク…
理科は？
これは見ない方がいいかも…
いいから見せなさいっ
19点!?
ばっ
放心。
だから言ったのに…
も…もうすぐ家庭教師の先生が来るからこのテストも見てもらいなさい！
えっ先生に見せるの？全部!?
もちろん全部！
はぁ〜見ないほうがいいと思うんだけどなぁ…
理数系が苦手なのはしょうがないけどそれにしても今日は悪かったわねぇー
こんな時はなんて言ったらいいのかしら？
19点じゃほめようがないしかと言って怒ってもね…

ピンポーン♪
こんにちはー
どうぞー
先生！今日は雅美のテストが返ってきたんです
少し落ち込んでいると思うので励ましてやって下さい
そうですか！ わかりました
とは言っても19点じゃ先生も励ましようがないわよねぇー
トントントン…
二人とも落ち込んで出てきたりして…
ありえる…
どよーん
そろそろ授業の終わる時間…
やったぁーー！

ビクッ
なに
ママっ!!
私
理科と数学
天才かも
しれないっ!!
はぁ!?
て…
てんさい!?
次のテストが
楽しみだなぁー♪
ららーん
もう少し
数学の
勉強してくる
ぽかーーん
??
あっ
ハイ
あの
先生!
何があったんですか?
何ですか
あの変わりようは?
あれは
ですね!
ずばり
「ポジティブな
勘違い」ですよ
え??
え?
なにそれ?

「ポジティブな勘違い」で自信を引きだす

●自信を持ってチャレンジすると、結果が変わる

子育て関係の話を聞いたり読んだりすると、「ほめて伸ばす」「ほめて育てる」という言葉をよく聞きます。

この「ほめて〜」という考え方は、基本的に私も大賛成です。私自身、指摘されたり、叱られたりするよりもほめられた方がずっと嬉しいですから（笑）。

しかし、ちょっと考えてみて下さい。

なぜ子どもをほめるのでしょうか？

なんのためにほめるのでしょうか？

きっといくつもほめる理由は見つかると思います。

子どものやる気を出すため
子どもを喜ばすため
子どもを承認する（認める）ため
子どもと信頼関係を作るため
子どもの自己肯定感を育てるため

私は子どもをほめる時は、「なんのためにほめるのか？」というほめる理由をしっかりと持ってほめることが大切だと考えています。

私自身はほめる理由の中で、「子どもにポジティブな勘違いをさせるため」という目的を強く持っています。

ポジティブな勘違いというのは、根拠のない自信とも言えます。大してできもしないのにできると思ったり、大丈夫でもないのに「大丈夫」と言い切れたり、そういった根拠のない自信です。程度にもよりますが、自信は無いよりもあった方が良いです。

自信満々で積極的に取り組むのと、自信が無く消極的に取り組むのとでは結果が違ってきますから。

しかし、実際には子どもはよく根拠のない不安・根拠のない心配を多く持っています。「どうせやっても無理だよ」とやる前からあきらめてしまったり、「失敗したらどうしよう?」と失敗ばかり恐れてしまって何もできなかったり。そのせいで希望を持てなかったり、実力以下の力しか出せなかったりします。

どちらにしても根拠がないのなら、自信を持ってやった方が良い結果が得られるわけですから、自信を持たせたいです。

そして、その為にほめるのです。

では、具体的にはどうすれば良いのでしょうか?

たとえば、子どもが20点を取ってきたとします。これをどうやってほめましょうか?

「子どもにポジティブな勘違いをさせるため」にほめるとしたら、きっと私はこんなほめ方をすると思います。

＊基礎問題だけできている場合＊

基礎問題というと、数学（算数）の場合は計算問題です。ですから、**「へぇ～、ちゃんと計算問題はできてるじゃん。計算問題でしっかり点が取れるって大切なんだよ。だってさ、文章問題や図形の問題でも、間違えるのは結局計算ミスで間違えるからさ。わかっててても間違えちゃうってのは全部それだもん。だから、計算がしっかりできるってのは何より良いよ」**

できている所の価値を見つけてあげる

こうほめると、実際は誰でもできる計算問題しかできていないのですが、この20点がとっても価値のあるもののように見えてきます。

この時のポイントは、できている箇所の価値を認めること、その価値を高めることです。 そうすると、子どもは思わぬところをほめられるので、ちょっと嬉しくなったり、はずかしそうな笑顔をみせたりします。そして、「僕ってすごいかも知れない」とポジティブな勘違いをしてくれます。

たった20点でも、それに大きな価値があると思えば、自信になりますし、その自信がやる気につながります。

＊応用問題ができていた場合＊

時々、20点でも意外なところ（難しい問題）があっている時があります。
そんな時は、

「へぇ～、この問題があってたんだ。意外っ。だって、これはかなり難しい問題でしょ。普通の子にはこれは解けないいから。これがわかったってことはさ、他の問題もできるんじゃないの？　多分まだ伸びるよ！」

このほめ方を図に示すと左のようになります。
このように言ってあげると、「やればできる！」という気持ちを子どもは持てます。**こうして「ポジティブな勘違い」をした子どもは前向きに挑戦する気持ちになれますし、意欲的になることができるのです。**

ポジティブな勘違い

実際は［　　］部分の実力しかないのですが、

①簡単な問題　［解けた］　←これは解ける

②ちょっと難しい問題　解けなかった

③難しい問題　解けなかった

④かなり難しい問題　［解けた］　←これはたまたま解けた

「④が解けたということは②③も解ける力を持っているはず！」
「本当はもっと能力を秘めていて、下の［　　］部分の実力があるんじゃないか？」とポジティブな勘違いができる！

↓

①簡単な問題　解けた

②ちょっと難しい問題　解けなかった

③難しい問題　解けなかった

④かなり難しい問題　解けた

（②③について）④が解けるってことは、ここも解けるはずだよね！

未来に向けた質問、過去に向けた質問

早紀さんは本当はどうなっていたらいいと思う？
え？ 本当は？
当日までに本当はどうなっていたらいいかイメージしてみて
えっとぉー前日までに完璧に準備ができて当日を迎えられたらいいですよね
甘味処
ってかさ前々日までに全部 準備が終わっちゃうってのもよくない？
ひょい
あ、それいいね 他のクラスが慌ててるときにうちのクラスだけ余裕で帰れる！
他のクラス手伝いましょうかーなんて☆
それもいいねーー
ところで

今 準備できているものは？何かあるの
とりあえず班分けはできていますあとリーダーも決まってるし
班分けとリーダーね他には？
当日の内容と役割分担も大丈夫です
なんだ結構決まってるじゃん！
はっ・・・
今 材料を買い出しに行ってるからもうすぐ作業に入れます！

じゃあ
買い出し班が
戻ってくる前に
教室を片付けなきゃ
私 みんなに声を
かけてきます！
私は道具を
かりてくる！
うん！
じゃあ
行っておいで！
前々日までに
準備を終わらせ
ましょう！
はいっ‼
いい感じ
ですね
よかった！

未来に向けた質問、過去に向けた質問

出発点は「どうしたいのか」「何ができるのか」

私は子どもに話をする時、どんな質問をするか、何を聞くかにとても気を遣います。こちらがどんな質問をするかで、子どもから何を引き出せるかが決まるからです。

言い換えると、子どもから何を引き出せるかは、こちらの質問にかかっているということです。何を引き出せるかということは、相手がどこに向かうか、そして何をするかに大きく影響してきます。

子どもをより良く成長させたいのであれば、より良く成長するための質問をします。やる気という点では、子どものやる気が出るような質問をします。

勉強だけに限らず、スポーツでも、遊びでも、学校の活動でも、子どもと話をして

いる時によく出てくる言葉が、
「本当はこうするつもりだったのに……」
「本当はこうしたかったんだけど……」
という言葉です。

簡単に言うと、やろうと思っていたことと実際にやっていることがかみ合わない。理想と現実が違う時の言葉です。

こんな時、子どもにどう質問するかで、その後の子どもの行動が大きく変わってきます。

こういった時によくする質問を区別すると、大きく2つにわけることができます。

それは「過去に向けた質問」と「未来に向けた質問」です。

具体的にはこんな質問です。

＊過去に向けた質問＊

なんでできなかったの？

いつからそう言ってるの？
本気でやろうと思ってるの？
どうしてやらなかったの？
それができないとどうなるか分かる？
何が問題なの？

これらの質問は全て過去の出来事に目を向けた質問です。
できなかったことに対して、その原因を探しています。
なぜできなかったのか？　その原因は何か？　と過去の分析をしています。
それに対して、未来に向けた質問とはこういった質問です。

＊未来に向けた質問＊

本当はどうなりたいの？　どうなったら良い？
今、できていることってどんなことがある？
前に比べたらどのくらい良くなってる？

何があったらもう一歩進むことができる？

それを助けてくれたり、力になってくれる人っている？

今までに他にどんなことができてたかな？

うまくいきそうな方法って何？


これはすべて未来について聞いています。

これからできることに目を向けて、これから何ができるか、どうしたいのかを聞いています。今がどういう状況なのかに関わらず、本当はどうしたいのか、どうなっていたら良いのかを探しています。

これからどうしていきたいのか？　何ができるか？　といった望む未来を描くための質問です。


この二種類の質問で、子どもにどんな違いが生まれるのでしょうか。

たとえば、テストの結果が悪かった時に「なんでできなかったの？」と過去に向けた質問をすると、子どもの多くはこういった返事をしてきます。

「問題が難しかった」
「勉強してないところが出た」
「時間がなくなって焦って間違えた」

問題が難しかった、勉強していなかったところが出た、時間がなかった、焦って計算を間違えた。これらはすべて言い訳です。過去に向けた質問から引き出されるものの多くは言い訳です。

私たちはこんな言い訳が聞きたくて質問をするわけではありません。原因を見つけてそれを改善することで次に活かしたいと考えて質問しているはずです。

ですが、結果的に子どもから出てくるものはほとんどが言い訳です。残念ながら、そこから次に活かされることはありません。

ここにこの過去に向けた質問の悩ましいところがあります。

私たち大人の意図と子どもの会話にズレが生じてしまうのです。

なぜこうなってしまうかと言うと、２つ理由があります。

ひとつは、問題に向けた質問をされると、子どもは責められていると感じてしまうからです。「なぜ?」「どうして?」と続くと、追い詰められた感じがして逃げたくなります。そして、言い訳が出てきてしまいます。

もうひとつは、原因は次に活かせるようなものばかりではないということです。

お母さんにしてみれば「もっと早くからテスト勉強をすれば良かった」とか「普段の勉強をコツコツとしておけば良かった」という原因が出てくるのを期待したのかも知れません。

ですが、原因はそういったものばかりではありません。

それに、そんなことを言えば「勉強しなさい」と言われるのは目に見えていますから、間違っても子どもはそんなこと言えません。

過去に向けた質問は、こんな2つの理由からうまくいかないことが多くあります。

将来をポジティブに描いてもらう

では、未来に向けた質問を使うと、どういった会話になるのでしょうか。

子ども達に「本当は何点取るつもりだったの？」「これは本当なら取れてたって問題があるんじゃないの？」と聞くと、全く違った答えが返ってきます。

「60点か70点ぐらいは取りたかった」

「ここら辺は計算間違いだから、本当なら取れてたと思う」

「これは問題の読み間違えだし」

「もう少し時間があれば解けてたかも」

その上で「じゃあ、次にそれらが合ってるようにするために、どうしたら良い？」と聞けば「じゃあ、計算の練習でもしようかな」と解決策が出てきます。


この会話から生まれたものは未来に向けた解決策・改善策です。

「本当はどうなりたかったのか？」

「どうしたかったのか？」

を聞いていく中で次への展望が見えてきて、解決策が導かれてきました。解決に向けた質問をすると明るい未来が見えてきます。そして、そこへ向かう一歩が見つけられます。

実際、この2種類の質問をお母さんお父さんにした後に、どんな感じがしたかを聞くと、

過去に向けた質問は、

「責められている感じがする」「二度と話したくなくなる」「こんな上司はイヤ！」

と反感を持ちます。

未来に向けた質問の方は、

「信頼されている感じがする」「親身になって聞いてくれている感じがする」「相談したいって思える」

とおっしゃいます。

ここで、普段のあなたの問いかけを思い出してみて下さい。

お子さんに対してどちらの質問をしていますか？　過去に向けた質問でしょうか？

未来に向けた質問でしょうか？

私を含めて、ほとんどの大人は過去に向けた質問をしています。もちろん悪意無しに。

これはある意味しょうがないことだと思っています。なぜなら、私たちはずっと過去に向けた質問をされて育てられてきたからです。

子どもの頃は親から「なんでできないの？」と聞かれ、学校に行けば先生から「どうしてやらないんだ⁉」と責められ、会社に行けば上司から「本当にやる気があるのか⁉」と怒られてきたのです。

過去に向けた質問を何十年も言われ続けてきたのです。

そして、私たちは、今まで言われてきた質問を、そのまま使っているだけなのです。

それはある意味、しょうがないことです。

こうした本を読んだり、コーチングを学んだりしなければ、この2つの質問の違いは知りません。知らなければ使い分けられません。

ですが、知ってしまえば、あとは使い分けるだけです。

この2種類の質問のどちらを使うかは、単純に知っているか知らないかの違いだけですから。

技術の違い、経験の違いなどありません。単純に知っているかいないかの違いです。
そして、知ってしまえば誰でも使い分けられるのです。

もうひとつ知っておいていただきたいのは、過去に向けた質問が一概に悪い訳ではないということです。

過去に向けた質問をして、原因を見つけることで、より早く解決に向かうケースもあります。

大切なのは、違いを知ること。そして、その場に合わせて使い分けをすることです。
勉強でもスポーツでも習い事でも、結果が思い通り行かなかった時、解決に向けた質問を使って問いかけてあげて下さい。
そうすることで、次の一歩が見つかることはよくあります。

第2章 子どもをやる気にさせる接しかた

勉強の目的を見誤らない

接する態度で子どもは変わる

やめたいことがやめられない訳

わざと間違えて遊び心を取り入れる

勉強の目的を見誤らない

ここも
送り仮名が
間違ってるし
「帰える」じゃなくて「帰る」でしょ
あ…
もうちょっと
漢字を
練習したほうが
いいんじゃやない？
プンッ
もういいっ
もうママには
見せないっ
一方お隣では――
あら？
頑張ってる
わねー
うん！
明日 学校で
計算テストが
あるから
勝也（小5）

それにしても
勝也の字は汚いわねー
うるさいなー
そんなに汚かったら
計算間違い
しちゃうでしょ
大丈夫だよっ
そう?
じゃあこれは
何て書いて
あるの?
それ
9!
じゃあ
こっちは?
7
え? これが7で
これが9? だったら
計算が合わないんじゃない
そんなこと
ないよ!
カッカッ
…あれっ
ホントだ
答え
ちがってた…

でしょう？
もっときれいに
字を書かないと
先生だって
間違えちゃうわよ
せっかく合ってても
×にされちゃうわよ！
はーい…
ふぅー

勉強の目的を見誤らない

指摘されるポイントがズレていると、やる気を失う

子どもの勉強をサポートする上で大切なのは、私たち大人が「何のためにこの勉強をしているのか」を理解していることです。

「何を学んでいるのか？」「何のためにこの勉強をしているのか？」という、今している勉強の意味を、お父さんお母さんを含めた子どもに関わる大人が明確に意識しておくことです。

子どもが意識するのではなく、大人である私たちが意識する必要があるのです。

たとえば、数学の計算問題をするなら、「計算を速くするため」や「正確に計算ができるようになるため」などです。

国語の読解問題を解くなら、「文章の理解力をつけるため」や「文章の主旨をつかめるようになるため」などがあります。

なぜこれを明確に意識することが必要かというと、**これをしっかり理解しておかないと、変なトラブルを作ってしまいかねないからです。**

先日、小学校４年生の加藤紀夫くんの国語の授業をしていた時のことでした。ちょうど漢字テストの前だったので、授業で漢字の練習をしていました。実は紀夫くんはとっても字が汚いんです。男の子にはよくあることですが、他人には読めないような字を書きます。ときどき本人も読めません（笑）。

それでも紀夫くんなりに頑張って漢字の練習をしていました。

すると、それを後ろから見ていたお母さんが見るに見かねて声をかけてきました。

「もうちょっと綺麗な字で書いたら？　それじゃ先生も読めないでしょ」

紀夫くんは、思わぬところで指摘をされて少しムッとしています。

お母さんからさらに追い打ちがかかります。

「あ、それ書き順が違うわよ！　横棒が先でしょ！」

書き順にも矛先が向かいます。

せっかく漢字の練習に集中していた紀夫くんですが、すっかりふくれて放り出してしまいました。

確かに、このお母さんの気持ちもわかります。

できれば、正しい書き順で、せめて読める字を書いてほしいのでしょう。そうしなければ漢字テストで不正解になってしまうかも知れません。

同じ字を書くのなら、綺麗に書く練習をして、書き順も覚えてほしいと願う気持ちも分かります。

しかし、今ここで漢字の練習をしている目的は「漢字を覚えること」です。

「書き順を覚える」「綺麗な字を書く」は、二の次、三の次です。

もし書き順を覚えさせたいのなら、その為の勉強時間を別に持った方が良いですし、字を綺麗にしたいなら字の練習の時間を取った方が効果的です。

しかし、周りの大人がその目的「漢字を覚えること」をしっかり持っていないと、こうした横やりを入れてしまって、勉強のやる気を削いでしまいかねません。

作文は「書いた」ことがいちばん大切

こうした目的を意識していないせいで、特に子どものやる気を奪いがちなのが「作文」です。

作文を書く目的はいろいろ考えられますが、私が一番に捉えているのは「自分の中にあるもの（感情や考えなど）を外に出すこと」です。

子どもは自分の中にある気持ちや考えを言葉にして外に出すことがとても苦手です。

それは作文だけでなく普段の会話においても同じで、自分の意見を出せなかったり、正確に伝えることができなかったり、適した表現を見つけられなかったりします。

それは人との会話の中で練習することもできますが、じっくり考えて文章を作ることで、表現が豊かになりますし、内容が深くなります。

しかし、良い作文を書くためにはその他にもいろいろな能力が必要です。

文を書くという意味では、字の綺麗さ、言葉遣い、漢字、語彙力などが必要です。

相手に伝えるという意味では、文章力、表現力、論理的思考力が必要です。

また、内容が正しい（倫理的に、常識的に）ことを書いているかどうかも大切です。良い作文を書くにはそれだけの能力が必要になるということは、大人が子どもの作文を読んだ時に指摘する箇所がとても多くあるということでもあります。

ですから、作文を書く目的を大人がハッキリ絞れていないと、いろいろ注意したくなってしまいます。

せっかく子どもが一生懸命書いても、

「もっと漢字を使ったら？」と漢字を使っていないことを指摘したり、

「ここは『だった』じゃなくて『でした』でしょ」と言葉遣いを注意したり、

「もっと良いことを書いたら？」と内容に注文をつけたり、

いろんなことを指摘してしまうのです。

そうすると、子どもがせっかく苦手な作文に取り組んでも、報われない結果になってしまいます。

私が作文の授業をする時には、このことを前もってお母さんに伝えておきます。

「作文では、とにかく『書いた』ということだけを認めてあげて下さい。漢字の間違いはあるかも知れませんし、内容がおかしな時もあると思います。

ですが、それは指摘しないでほしいんです。そういった間違いは、また別の機会に勉強しますから、作文に関しては書いたことだけを褒めてあげて下さい」

そうして「書いたこと」を認められた子どもは、だんだんと書くことに前向きになっていきます。いくつも書いていけば、当然文章力は付いていきますし、漢字も覚えていきます。

しばらく作文の授業を続けて、良い作文が書けるようになってくると、決まって子どもはこんなことを言います。

「この作文、僕が書いたんだよね⁉　こんな文章が書けるようになったんだ。ビックリ～！」

自分で書いた作文を読んで、自分で驚いてるんです（笑）。

こういった結果に結び付けるために、私たち大人が「なんのために、今この勉強をしているのか？」という勉強の目的をしっかりと持っている必要があるのです。

ねえねえ ちょっと 聞いてくれる？
智子
千夏
なに？ 智子 どうしたの？
由美
恭平のこと なんだけどさ
ちっとも塾の宿題を やらないのよ
やらないだけなら まだしも 「やった」って ウソをつくのよ！
いつもバトルよ
やったってば！
どこが！？
やってないでしょ！！
あらら…
あぁ…私もそうだった…
どうしたらやる気に なるのかしら 何かいい方法 しらない？
うーん
基本的には 自分で気づく しかないというか…
あ、そうだ！
「人は接した 通りの 人になる」 って言葉 知ってる？
え？ 知らない

相手がどういう人になるのかはその人にどう接したかによって決まる――
例えば私が智子のことを「約束を守る人」と思って接すると約束を守ってくれるし、逆に思えば守ってくれないってこと
やっぱり智子はいつも私との約束を守ってくれるね
ありがとう
まぁね
次もがんばろう。
あら智子でも約束を守ることがあるのね
ムッ
どうせ守らないと思ってるんでしょ。
これは大人よりも子どものほうが顕著に現れるのよ
恭平はいつも宿題をやる子
いつもエライよ
がんばって宿題やる
いつも宿題をやらないんだから…
恭平またやってない!
もうやらないっ
たしかに私も子どもの頃よく「どうせやらないんだから」って言われてたなー
智子はいつもどんな風に声をかけてる?
「またやんなかったの?」「宿題くらい自分でやんなさい」とかかなぁ
それって宿題をやらない子だと思って声かけてない?
でも実際やらないしなぁ
それ! 違うよ

実際にやってるか
どうかは置いておいて
どうやって声かける
かが　大事だと思う！
力説
たとえ実際にやってなく
ても　信じてもらえたら
やろうって思うもん！
そっかぁ
やって
みるね！
翌月
千夏ー
由美ー
本当に
ビックリよ！
わぁ！
あれから恭平が
宿題をやるように
なったの
千夏たちと話していた次の日
恭平が宿題をやらなかったから
試しに言ってみたの
あら珍しいわね
いつもはちゃんと
やるのにね
へ？
ぽか～ん…
そしたら次の日
ママ宿題
教えて！
ーって言って
きて私は思わず…
わからないこと
聞いて宿題する
恭平すごいっ
ぎゅーー
わ

あはは！
やるね智子！
それからは
できた時は「やっぱりやる子よね！」できなかった時には「たまにはそんな時もあるわよね」って声をかけてるの
今日はできなかった!!
悔しい!!
僕はがんばる!!
そしたら本当に恭平の姿勢も変わってきたの
やっぱり千夏の言ってたことって本当だと思った！
子どもは特にまだ人格ができあがっていないから周りの大人、特に親の影響は大きいのよね
恭平を見ていてつくづく実感したわありがとねっ千夏
いいえ♪
これからも楽しみね♪
うん！

接する態度で子どもは変わる

子どもは自分への振る舞いを見ている

「接する態度で子どもは変わる」ということを、私が最初に実感したのは、中学3年生の中村大紀くんと関わった時でした。

大紀くんは受験生にも関わらず、まったくやる気が見られない子でした。それは勉強だけでなく、部活動に関しても、遊びに関しても同じです。

父母面談の時、両親とも口をそろえて、

「うちの子はまったくやる気がないんです。まずやる気を出させないと何をやっても無駄だと思います」

とおっしゃられていたのを覚えています。

確かに、授業中はあまり集中していません。目を離すと考えているふりをしながらぼーっとしています。

姿勢も悪く、よく椅子を前後逆にして、背もたれを前に持ってきて、背もたれを抱えるようにして授業を受けています。

宿題はなんだかんだと言い訳をしてやってきません。

そのくせ、それを指摘するとやたらと食ってかかってきて、腹の立つようなことばかり言ってきます。

正直に言うと、非常に面倒臭い子、という印象でした。

ある時、塾に迎えに来たお母さんと立ち話をする機会がありました。

お母さん、大紀くん、私の3人で、今日の授業の様子を話していました。そうするといつものようにお母さんが

「もうちょっとやる気を出してくれたらいいんですけどね。どうしたら良いんでしょう？　先生？」

と困ったような口調で話されました。

その日、たまたま大紀くんがまじめに授業を受けていたのを、私は見ていましたので、

「お母さん大丈夫ですよ。大紀くんはやる気ありますよ。少し周りからは分かりづらいかも知れませんが、大紀くんはやる気を持っています」

と答えました。すると大紀くんはお母さんに「ほら見たことか！」というような挑戦的な顔を向けます。

お母さんは納得できないような表情です。

「でも、宿題もやっていないみたいですしね……」

とやはり疑問を持っているようです。

「大丈夫ですよ、大紀くんはやってきます。安心して下さい」

私はお母さんにそう言って別れました。特に大紀くんに「宿題やってこいよ！」と言ったわけでもありません。

ですが、それを境に大紀くんの態度が変わり始めました。

次の日、大紀くんは少しだけですが宿題をやってきました。そして、椅子の背もたれを後ろにして授業を受けています。

しかし、それは〝当たり前のこと〟なので、あえて褒めません。

「宿題難しくなかった？」

「部活と勉強を両立させるのは大変でしょ？」

と声をかけ、宿題を出す時に
「宿題、ちょっと難しい問題を出してもいい？　これやるの大変だと思うんだけど、力が付くと思うから」

と少し挑発するように宿題を出しました。

その挑発に奮発したのか、大紀くんは初めて宿題をすべてやってきました。大紀くんにとってはかなり大きな頑張りです。

その時から大紀くんの〝やらなくて当然〟が〝やって当然〟に変わり始めました。

授業を真面目にうけることも宿題をやってくることも、やって当然になってきたのです。

もちろん、すべてが順調に進んだわけでありません。

宿題をやってこないときもありましたし、授業中にダラケている時もありました。

そんな時は「ま、たまにはできない時もあるよね」「いつもは集中してるのに珍しいね。何かあったの？」と〃やって当然〃という気持ちで声をかけると、次からはまたやる気を出してくれました。

大紀くんはもともとやる気が外に表れにくい子なので、外から見てやる気が感じられるようになったのは3ヶ月ほど経った後の夏休みでした。

なんと1日50ページ！　の宿題を、夏休みの間（40日間）毎日やってきたのです！

毎日50ページやると、1週間に1～2冊はテキストが終わります。毎週新しいテキストを進めていきます。

夏休みが終わった後、机の横には20冊以上のテキストが山積みになりました。

それを見て、お父さんとお母さんは、「もう大丈夫だ」と安心したそうです。

それ以降、私は「接する態度で子どもは変わる」ということを非常に意識するようになりました。

そして、そうすることで子ども達の気持ちがどんどん変わっていきました。

特に、やる気がないと見られている子ども、宿題をやらない子ども、反抗的な子どもには抜群に効果があると感じています。

きっとそういった子どもは、「ダメな子」「できない子」として普段扱われていることが多いので、そういった接し方が新鮮なのかも知れません。

中学に入ってから聖也が全然勉強しないのよ
知世
どうしたらいいいと思う？
うーん もう少し黙って様子を見てみたらどうだ？
和則
口うるさく言いすぎだよ 勉強しろ 勉強しろって
わかってるけどどうしたらいいの？
あなたは普段の聖也を見ていないから!!
勉強しなさいって言わなかったらなーんにもしないでテレビ見てゴロゴロしてるのよ
たしかになぁー最近は特にテレビとゲームばかりだからな…
あはは
また一勉強は？
そうなのよっ言わなきゃいつまでもやらないのよ
でも言えば言うほど聖也も意地になってやらないいんじゃないか？
まあね…こっちもどんどんエスカレートしちゃうし
それじゃなー

やっぱりガマンするしかないかしら…
そうだな…少し距離をおいてあまり言わないようにしてみるか
あははっ
あら…テスト前なのに…
ねぇもう宿題…
ハッ
チラッ
聖也…あの
なに?
なに見てんのかなーと思って…
お笑いだよ母さん何か見たいのあんの?
ううん大丈夫
そう
あー今日も面白かった
プチ
カチャカチャ
テレビ終わったわ…いよいよ勉強するかしら
ざー ざー
ゲーム
ぱっ
がくっ

あら…テレビ終わったの？
ああ
なにかやっとくことないの？明日の準備とか
別に
あ…そう…
イライラ
ちら
ぐっ…
あっもうこんな時間か
ついに自分から宿題を…
風呂入ってくる
がっかり…
まったくいつになったら宿題を始めるのかしら
まあ今日は黙って見ていようか
でもガマンするって難しいわねー
そうだなぁー

お風呂上り
あはは
またテレビ!?
聖也…
今日は学校の
宿題はないの?
わかってるよ! もう!
これ終わったらやろうと
思ってたのに!
そんなん言われたら
やる気なくなる!
そう言って
いつも夜中に
間に合わないって
騒ぐじゃない?
騒いでなんか
ないじゃん!
もう
やる気
なくなった
バタンっ
ふぅ――
……
宿題やれとは
言ってないん
だけどな
まあ今まで
ずっとやってきた
ことを 急に
やめるのは難しいな
宿題やれ!がクセになってるのかも…
どうしたら
やめられるの
かしらねー
むずかしいなー
ずず…

やめたいことがやめられない訳

小言をなくす習慣

「勉強しなさい！」

「早く準備しなさい！」

「もう宿題は終わったの？」

「いつになったら勉強を始めるの⁉」


この手の言葉は、どうせ言っても聞かないし、不機嫌になるだけで効果がないのは分かっています。ですから、お母さん方も、もう言うのはやめようと思い立つようです。

ですが、お母さん方から「もう言うのはやめようやめようと思ってるのに、ついつい言っちゃうんです」という相談をよく受けます。

家でゴロゴロ寝っころがって、テレビばかり見て、勉強もしない子どもを見ていると、我慢できなくなってつい言ってしまうようです。

やめたくてもやめられないという悩みは、子育てだけではなく、様々な場面で表れてきます。

ダイエット中なのについついチョコレートを食べてしまう。

お酒を止められているのに食後のお酒がやめられない。

仕事中にネットサーフィンをして時間を無駄に使ってしまう。

やめたくてもやめられないというのは、何をやめたいかは違っても、多くの人に共通した悩みのようです。


これを解決するためには、脳の働きの特徴を考える必要があります。

その特徴とは、**「脳は空白の時間を嫌う」**ということです。

脳は、何もしないこと、何も考えないこと、何も感じないことを嫌います。

空白の時間ができると、脳は極力その状態を避けようとして必ず何かをしようとします。空白を埋めようとするのです。

もし今までしてきた何かをやめると、必ずそこには空白の時間ができます。

「勉強しなさい！」と言うことをやめると、いつもなら「勉強しなさい！」と言っていた時間が空白になります。

チョコレートを食べるのをやめると、普段はチョコレートを食べている時間が空白になります。

食後のお酒をやめたり、ネットサーフィンをやめると、それらをやっていた時間が空白になります。

「それでは何をしようか――」と脳は考えます。

一番手っ取り早くできることは、今までしてきたことをすることです。「勉強しなさい！」などの小言を言ったり、チョコレートを食べたり、お酒を飲んだり、ネットサーフィンをしたり。今までしてきたことをするのが、最も簡単です。ですから、つい、やめようとしていたことをやってしまいます。

そして、やってしまった後に、「あぁ、またやっちゃった」と反省するのです。

これは意志が弱かった訳ではなくて、脳の働きから考えると自然なことです。

では、やめたいことをやめるためにはどうすればいいかと言うと、空白の時間にすることを事前に決めておくのです。前もって代わりに何をするかを決めておくとうまくいきます。

前もって決めておけば、空白の時間ができそうになったときに迷うことなくそれができます。そうすると、空白の時間ができないので、やめたいことをやめられるのです。

たとえばこんな方法です。

「勉強しなさい！」と言いたくなったら、「果物食べる?」と言う。

チョコレートを食べそうになったときに氷を食べる。

食事が終わったら、すぐに紅茶をいれる。

パソコンで検索をした後に自分のブログを見る。

代わりにすることは何でもかまいません。すぐにできる簡単なことで、やっても害のないこと（もしくは良いこと）なら何でも良いのです。

要は「空白の時間」を無くしさえすれば良いのですから。

たったこれだけのことなのですが、実際、これらを見つけたことで、小言もお菓子もお酒もネットサーフィンもやめられています。

もしやめたいと思っているけれどもやめられないことで悩んでいたら、ぜひ試してみてください。


「勉強しなさい」「もう宿題は終わったの？」の代わりにすることを見つける時のヒントは、子どもがどんな時に言っているかを思い出してみることです。そして、その場面にあったことを考えると上手く見つかります。

テレビを見ている時なら、「今、何をやってんの？」

ゲームをしている時なら、「おもしろそうだね」

こんな、その場面に合ったことです。

もしうまくいかなかったら、代わりにやることをいろいろ変えてみてください。

あれこれと変えている内に、いろいろ新しいことをすることが楽しくなってきて、やめたいことがやめられた、なんてこともありますよ。

あなたは「勉強しなさい！」の代わりに、何を言いますか？

あーーっ健一！
また計算ミス
してるじゃない
ちゃんと
見直ししたの？
ここも…
ここも
間違ってるっ!!
54
健一（中3）
したよ!!
うっさい
なぁー
ムッ
ちゃんと見直し
してたら60点は取れた
でしょ！　なんで
いつもそうなの？
しらん！
カッカッ
こらっ
健一!!
話はまだ…
はいはい
じゃあね
志乃（小6）
ママ…
あの…
何っ!?
あ…
ううん
志乃もちゃんと
自分の勉強
しなさいよ！
はい…
翌日
はぁーーっ
どうしたら
計算ミスが
なくなるのかしら
ママ友の北川さん
息子は健一と同級生
どうしたの？
あ…ゴメン…
健一の計算ミスが
多くて
困っちゃって
やっぱり勉強が
足りないのかしら
そうなの…
どうしたら
いいのかと
思って…

そうだ！！
この間 聞いてきた
良い方法があるの
健一くんが帰って
きたら 試してみて
いい？
え？
いいけど…
何!?
ただいまー
健一くん
お帰り！
まってたのよ
え？
あぁ…
こんにちは…
ペこり
おばさんと
計算プリント
やってみましょ
このプリント
なんだけど15問中
何問できる？
えーーっ
マジ？
まあまあ
え～～っ？
これなら13問…
いや 12問ぐらい
かな
オッケイ☆
じゃあ目標
12／15に
しようか
うん
それくらいなら
カリカリカリ…
そうそう！
ちゃんと3問
まちがえてね
え☆何それ
今日は
目標12／15だから
必ず3問 間違えるの
ちゃんとどの問題を
間違えるか
考えて解いてね！
はあ…
わざと
間違える？

んーと じゃあ後半の この辺は 間違えそう だから…
ぶつぶつ…
その調子 その調子!
この辺は まちがわない ように…
真剣…
お! おしいっ 1問違いっ 11/15だった
ちぇっ
ちなみに今 間違えたのは 解けない 問題? 計算ミス?
ん?・ いや…
すらすらすら…
お…すごい 全部解けるんだ
まーね
次はどうする?
んー 次も とりあえず 3問で
カリカリカリ…
ちゃんと 間違えてねー
……
あ、ダメよ 全問正解 しちゃ…
ちょっと だまってて!!
できた!
わすごい 全問正解!
へへん
ね、うまく いったでしょ!
わざと間違って 間違いを 楽しむのが ポイント☆
ホントすごい! 志乃にも 試してみる
うんうん ぜひ♥

志乃ー
今日はママと
宿題やろう
え？　ママと？
やだなぁ…
なんで？
だって…
ママ　間違えるとすぐ
「なんでわかんないの」
って怒るもん…
あら…
今日は怒んないから！
ね！
うん…
じゃあ　これ…
さんすう
でも…私　さんすう
苦手だから
間違っちゃうよ…
今日は
計算間違いの日だから！
わざと間違えていいのよ
いいの　いいの
え？
何それ
何問でもいいから
はじめに
何問間違えるか
決めてから解くのよ
何問にする？
えー!?
…
じゃあ
5問…
にする
ＯＫ!!
10問中5問ね!!
ちゃんと5問
間違えてね！
5問なら
余裕だなー
あははっ
変なのーーっ
いつも間違えない
ようにって
言ってるのにー
志乃が
こんなに
楽しそうに勉強
してるのって
初めてだなぁ
もちろん志乃ちゃんも…
思わず
全問正解
でした♥
100

わざと間違えて遊び心を取り入れる

問題を抱えてる子ほどうまくいく？

この「わざと間違える」という話をすると、最初はほとんどのお母さんに呆れられます（笑）。

「本当にそんなことでうまくいくの？」
「なんでそんな方法で勉強をやる気になるの？」
という疑問を持たれます。

これらの疑問を持たれるのはもっともだと思います。私自身、実際にやってみるまではこんなことで子どもが勉強に対してやる気を出すなんて思ってもいませんでした。この方法は、実は心理療法のひとつの手法を真似ています。その手法は不登校の生徒が学校に行けるようにするためや、子どもの家庭内暴力を無くすためなどに使われていて、効果をあげている手法です。

決して、たまたまうまくいったというものではなく、効果が実証されているものなのです。

では、なぜこの方法で子どものやる気を引き出せるのでしょうか？

それには4つの理由が考えられます。

① 間違いをコントロールできる

ほとんどの子どもは、間違いはコントロールできないものだと思っています。わざと間違えることは普段はしませんから、当たり前といえば当たり前です。特に計算間違いや英語のスペルミスなどのケアレスミスと呼ばれるものは、気が付かないところでついついやってしまうものです。

ですので、間違いを減らそうと思っていてもコントロールできないのでなかなか減らせません。間違えることをコントロールできないから困ってしまうのです。

それをわざと間違えることでコントロールできるようにするのです。

ケアレスミスを、今までの「無くそうと思っているけど無くせない困ったもの」から、「どこで間違えるかを選べるお茶目なもの」に変えてしまうわけです。

そうすると、間違いがそれほど嫌なものではなくなりますし、うまく付き合えるように感じます。

もちろん、そうは言っても本当に子どもが間違える時もあります。そんな時は「あぁ、ここで（間違えを）使ったんだぁ～、うまいなぁ～」と感心します。子どもがわざとその問題を間違えたかのように振舞うのです。

そうすると子どもも「えへへへ」と間違いを受け入れられます。

それまで間違えないように間違えないようにと臆病になっていた子どもも、堂々と間違えられるようになるので、安心して問題に取り組めるのです。

② 間違いがマイナスにならない

問題を間違えることは普通に考えるとマイナスな点です。

なるべく間違いを無くそうとして気をつけます。

その気持ちが行き過ぎると、間違いをしないように警戒し過ぎて、臆病になったりします。

それを「必ず4つ間違えてね」と言うことによって、間違えることを必要なことにしてしまいます。間違えることが必要なことになれば、安心して間違えることができます。

私たち大人は間違えなければ成長していけないことを知っています。最初からまったく間違えずに理解できることなどありえません。

ですから、子どもには間違いを恐れずに解いてほしいのです。

しかし、ほとんどの子どもは間違えることをマイナスなことだと認識しているので、間違いを恐れるようになってしまっています。

この認識を変えたいのです。

ですから、間違えることは必要なことだ、間違えなきゃいけないと認識させることでその臆病さや恐れを取り払います。

臆病さや恐れがなくなれば、子どもはひとつ気持ちが楽になれます。

③ 遊びの要素が加わり楽しくなる

どの問題を（わざと）間違えるか？

と考えるのは、子どもにとっては意外と楽しいようです。

子どもはやってはいけないことをする時、とても楽しんでやります（大人にもそういう気持ちありますよね）。

本来なら怒られるようなことや、いけないことをする時、子どもは普段とは違う喜びを得ます。

それと同じように、いつもなら間違えてはいけない問題をわざと間違えることができるというのは、ちょっとした快感のようです。

そして、どの問題を間違えようかと考えている時、普段の勉強している時とはまったく違ったイキイキした顔を見せます。

④ 反抗心を利用できる

思春期の子どもが持つ特徴のなかで、ひとつの大きな共通点はあまのじゃくな反抗心です。

これをしなさいと言うと、意地でもやらない。

やっちゃいけないと言うと、わざとやりたがる。

ことごとく、こちらが進んで欲しい方向とは反対の方向に進もうとします。

これは子どもが意識してやっている場合もありますし、無意識でやっている場合もあります。

このあまのじゃくな反抗心を利用するのです。

健一くんの場合も、最初「満点を取ってね」と言った時は、「できない！」「無理！」と反抗をしてきました。ですから、逆に「満点を取っちゃダメだよ」と反対のリクエストをしたのです。

そうしたことで、健一くんは満点を取ろうとし始めました。

結果、見事に全問正解した健一くんは、「してやったり」という感じで自信にあふれていました。

以上の4つの理由から、「わざと間違える」という方法が子どものやる気を引き出すために有効だと考えています。

先日、講演会でこの話をした時、あるお母さんからこんな質問を受けました。

「私、いつもそうしているんです。

『あのさぁ、100点なんて無理に目指さなくていいから、60点でいいんだからさ、頑張りなさいよ！』って。

でも、全然やる気がないんです……」

これは少し違いますよね（笑）。

なぜなら、この言葉には遊び心もありませんし、楽しさもありません。相変わらず間違えることはマイナスなままです。

100点なんてどうせ取れないから、無難なところで60点に目標を下げただけです。

これでは子どもはやる気を出しません。ただ自分の評価を下げられただけだと感じてしまうかも知れません。

また中には、

「もしテストでもわざと間違えたらどうしよう？」

と心配されるお母さんもいらっしゃいます。

ですが、私が知る限りそんな子どもはいません。

人は向上心を持って生まれてきます。わざわざ自分の価値を下げるようなことはしません（言い訳で「わざと間違えた」という子どもはいますが）。

テストで正解をするためには、普段の勉強の時に間違いを恐れずに解くことが必要です。その為に、この「わざと間違える」を使います。

この時のポイントは遊び心と楽しさです。そこから間違えることへの抵抗感を減らすことです。

子どもが勉強に対して感じている不安や臆病さを取り除くために、遊び心を持つことで勉強に楽しさを加えて、間違えることへの抵抗を減らします。

その上に子どもが持っている反抗心をくすぐって、もともと子どもが持っている力を使うことが大切なのだと思っています。

これらはすべて子ども自身が持っている力です。決して私が与えたものではありません。

自分自身の力で出したやる気は、人からもらったやる気とは違って、環境に左右されることなくずっと持ち続けることができるのです。

第3章 子どもの性格に合わせた教えかた

やる気の表しかたは4通り

右脳タイプか、左脳タイプか?

優位感覚に合わせた学習法

短期集中型か、長期コツコツ型か?

塗り絵タイプか、重ね塗りタイプか?

競争心と向上心

夏休みのある日
ミーン ミーン
SUPER MARKET
あら幸子さん
恭子さん！こんにちはー
早いわね
あら？何してるの？
おそろいで♪
和世さん！
今偶然会ったのよー
ちょっとちょっと夏休みの宿題おわった？
恭子
幸子
おわるわけないでしょ まるでやる気なしよ!!
和代
うちも夏休み始めはちょろちょろやってたみたいだけどあとは手付かずみたい…
うちも少しはやっているみたいだけど…
おわった！遊び行ってくるっ!!
あんなペースで終わるのかどうか…
なんだ～少しでもやってるだけいいじゃない！うちなんて真っ白よ！
スーパーホワイト

どうしたら勉強をやる気になるんだか…

全く…うちの子は何に関してもとにかくやる気がなくって…

そう?サッカー頑張ってるんじゃない?

サッカーって言ってもレギュラーじゃないしかといって自主トレするでもないし続けてるだけって感じなのよねー
あら続けてるだけいいわよ!うちは一生懸命なのは始めのうちだけですぐ飽きてやめちゃうんだから…

やる気が続かないのよ!

どうしたらやる気を出してくれるんだろう?

「やる気」ねぇ…

はぁ――――っ

ここでちょっと「やる気」について考えてみましょう
覚えて下さいね☆
著者ですよ！
誰!?
たしかにやる気は必要ですが、やる気のある・なしを私たちはどのように判断しているのでしょうか？
やる気あり
やる気なし
「やる気の表しかた」は大きく2つの軸で表せます
外向
狭い
広い
内向
外向内向？
？？？
「外向」はやる気のエネルギーが外に向くタイプ
やる気の出たときにいてもたってもいられなくなり すぐに始めたり 人に話したりするタイプです
ラケット買いにいくー
そうだ!! 今度はテニスやろう
対して「内向」はやる気のエネルギーが内に向かいます
まずはじっくり情報収集
熟々…
情報をあつめたり計画をたてたり

「広い」「狭い」は興味の対象物の範囲です
外向
広い
狭い
内向
こうすると４つのタイプに分けられます皆さんはどのタイプに当てはまりますか？
私はここかなー
外向
私はここ
ここで肝心なのは親と子どものタイプが違うと「やる気」が見えにくいってことなんです
やる気がないと言われるお子さんは親御さんとタイプが違うケースが多いんです
はっ…
お子さんのタイプがわかると やる気もきっと見えるようになりますよ！
へえーーっ

やる気の表しかたは4通り

見えないところで子どものやる気は動いている

私がお父さんお母さんからお子さんの勉強の相談を受ける時に、

「うちの子はやる気がないんです」

「どうしたらやる気が出るんでしょう」

という言葉をよく聞きます。そして、

「まずやる気を出さなければ何ともなりませんよね」

と続きます。


このお父さんお母さんの言いたいことはよくわかります。確かに、やる気は必要です。そして、子どものやる気を引き出すために、どう関わったらよいかを考えることはとても大切です。

しかし、その前に「やる気」について少し考えなければいけません。**私たちはよく「やる気がある」「やる気がない」と言いますが、そもそもやる気のあるなしをどのように判断しているのでしょうか？**

子どものどこを見て、やる気のあるなしを決めているのでしょうか？

人のやる気の表し方は、大きく2つの軸で分けることができます。「外向―内向」と「広い―狭い」です。

「外向」はやる気のエネルギーが外に向かうタイプです。やる気が出た時に、いてもたってもいられなくなってすぐに何かを始めたり、友達に「ちょっと聞いてよ！」と話をし始める子どもたちです。

それに対して、「内向」はやる気のエネルギーが内に向かうタイプです。やる気が出た時には、机に座ってじっくりプランを練ったり、計画を立てたりします。本やインターネットで情報を集めるのもこのタイプです。

「広い―狭い」は、その行動や関心が広い範囲に表れるのか狭い範囲に表れるのかの違いです。

「広い」タイプは同時に複数のことを考えたり行動したりしますし、「狭い」タイプは1つのことに専念しやすいです。

「外向―広い」のタイプは、やる気が出るといろんなことに手を出します。あれもこれもあっちもそっちも同時に複数のことをやり始めたり、いろんな人に声をかけたり相談したりします。

「外向―狭い」のタイプは、ひとつのことにガーっと集中をします。脇目も振らず、自分の興味があるひとつのことに専念するタイプです。相談をするならひとりふたりにじっくり相談をします。

「内向―広い」のタイプは、複数のことを同時に考え、計画を立てます。多く広くの情報を集めたがるのはこのタイプです。

「内向―狭い」のタイプは、ひとつのことをじっくりと集中して考えます。情報を集める時も、狭く深く探っていきます。

さて、ここにこのやる気の軸をグラフに表したものがあります。

やる気の表しかた

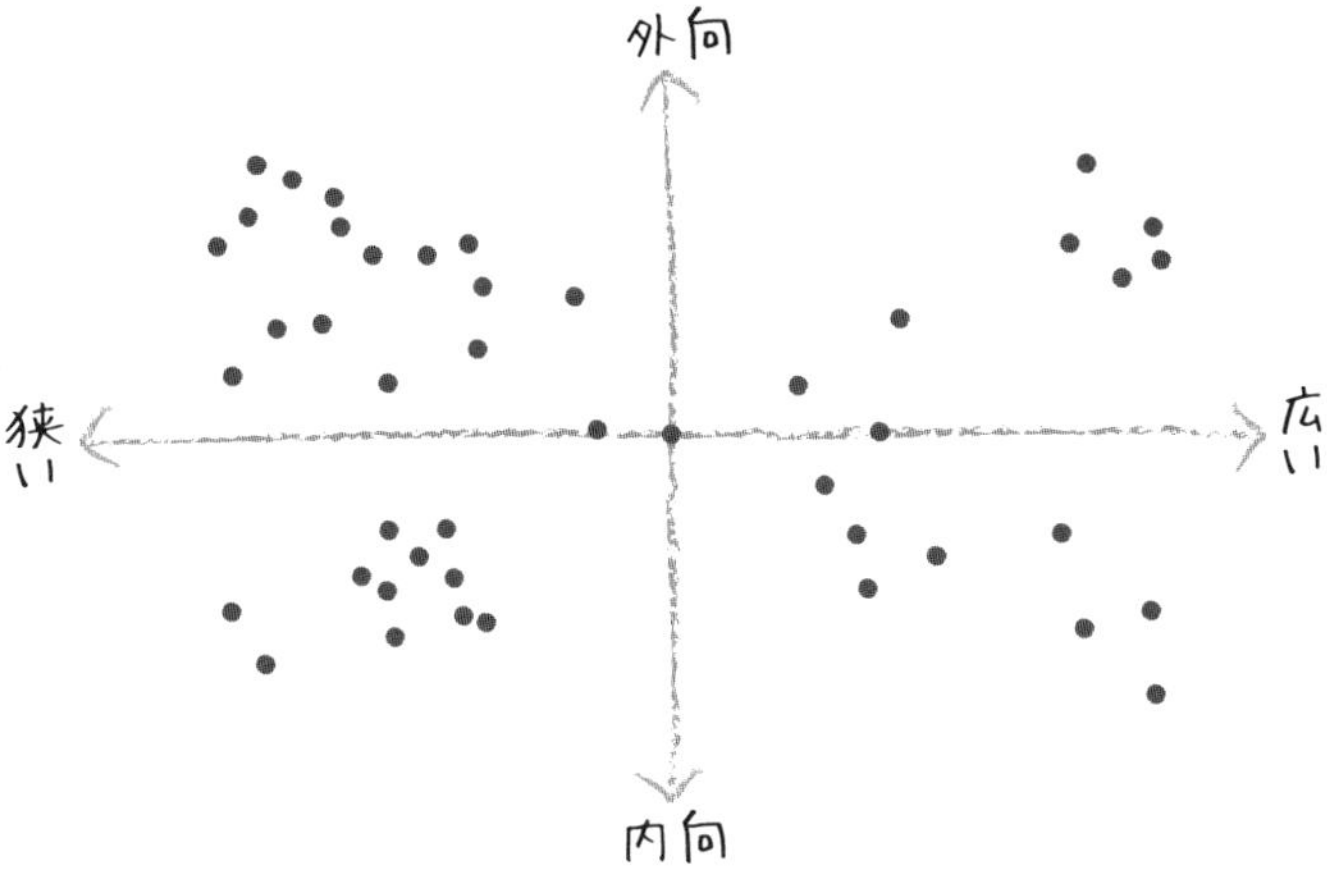

普段の自分自身のことを振り返ってみて、自分はこのグラフのどの辺に位置しますか？

自分がやる気を出した時、どんな行動をするでしょうか？

少し考えてみて下さい。

そして、実際に点を打ってみて下さい（時と場合によって違うという人は複数打ってもかまいません）。

私は「やる気」についての研修をする時、これと同じことを参加者の方にやっていただくことがあります。そして、自分がどこに点を打ったかを、ホワイトボードに磁石で貼ってもらうのです。その結果がこちらです。

いかがでしょうか？

人によって、やる気の表し方が全然バラバラだということがわかるでしょう。

ちなみに、私は「外向ー広い」（図の右上）です。ですから、同じような「外向ー広い」の子どものことはよくわかります。

反面、対角線の「内向ー狭い」（図の左下）の子どものことはなかなか理解できません。だって、やる気が出たかと思ったら、急に机に座って考え出すんです！

「思い立ったが吉日」の私からすればまったく理解しがたい行動です。

そういう子どもを見ると、

「ほら！　考えてないで、まず行動しなさい！　やってみなけりゃわからないでしょ！」

と言いたくなります。

しかし、反対に「内向─狭い」のタイプから見ると、私の行動の方が理解できないようです。私は子どもの頃から親や先生に

「もっとよく考えなさい！」

「ちゃんと考えてから行動しろ！」

「そうやって考えもなしにすぐに始めるからいつも失敗するんでしょ！」

と言われ続けてきました。

タイプが違うと、やる気が見えづらい

これらの意見・忠告はどれももっともなことです。

ですが、子ども時代の私にしてみれば、せっかくやる気を出していろいろやり始めたのに、

「もっとよく考えてから行動しなさい。だからお前は失敗ばかりするんだ。ちゃんと計画を立てて行動しなさい」

と大人から言われると、頭から水をかけられたような気持ちになりました。

同様に、「内向―狭い」のタイプの子にしてみれば、やる気を出してじっくり計画を練っている時に、

「まず動きなさい。何事もやってみなけりゃわからんだろう。失敗を恐れちゃいかん！」

と言われると、考えることを否定された気がします。

じゃあ、考えずにやって失敗すればいいの？　と思ってしまいます。

どちらにしても、子どもはせっかく出した自分のやる気を否定されたと感じてしまいます。

その結果「じゃあ、もうやめた！」「私はやるなってことでしょ！」と投げ出してしまっても無理はありません。

そうして、やる気をなくしたところを見て「この子はやる気がない」と言われても、子どもは困ってしまいます。「やるなって言ったのは母さんでしょ！」と言いたくもなります。

実際、親からやる気がないと言われて連れてこられた子どもの多くは、親とは違う

タイプの子であることが多いです。

子どものやる気が親からは見えない・見えにくいのです。

中学3年生の4月に、受験生としての自覚がない、まったくやる気がない、と両親から言われてきた香川良介くんはこれがとても顕著でした。

ゆっくりじっくりいろんなことを考えるのが好きな良介くんは「内向―多い」タイプでした。それに対して、お父さんは「外向―多い」タイプで非常に活動的です。お母さんは「外向―少ない」タイプでコツコツとひとつのことに取り組むのが好きなタイプです。

この両親からすると、考えてばかりでなかなか行動に移さない良介くんはやる気が無いように思えます。そして、いつになったら始めるのか、見ていてイライラするそうです。

ですが実際、良介くんと話をしてみると、決してやる気が無い訳でもありませんし、良介くんなりにしっかり考えています。それなのに、自分なりにやる気を持ち、考えていることを認めてもらえないことに対して、腹立たしさを強く持っていました。

まず私がお父さんお母さんと良介くんの間に入ってしたことは、この部分の通訳でした。お互いにとっての「やる気の表し方」の違いをわかってもらったのです。お父さんお母さんには、良介くんなりのやる気の表し方、やる気を出してやっていることをお伝えしました。

良介くんには、お父さんお母さんにとってのやる気とは何なのか、そして、良介くんに対して望んでいることを説明してわかってもらいました。

時間にすれば15～30分程度の話し合いでしたが、お互いに納得できたようです。お父さんもお母さんも、良介くんがやる気がない訳ではないことがわかって安心していました。

その後、良介くんが徐々にやる気を行動に移し始めました。学校の宿題を提出するようになりましたし、テスト前に勉強をするようになりました。

私が一番嬉しかったのは、家の中での良介くんの顔が以前よりも明るくなって、お父さんお母さんとよくしゃべるようになったことです。

「やる気」という言葉の通訳をしたことで、それまで伝わらなかったそれ以外の言葉も正確に伝わるようになったようでした。

右脳タイプか、左脳タイプか？

麻里 ちょっと今日のとこ教えてくれない？
いいわよ？どこ
正義（中1）
麻里（中1）
方程式の道のりの問題
うーんと…太郎くんは駅に向かって分速60mで歩き…あ、なんだこれなら簡単じゃない
わかるの？
速さ × 時間
60m/分
30分
=1800m
すらすら～♪
公式に入れるだけよ
道のりは 速さ×時間だから それに当てはめれば すぐに解けるわ
ほらできた！わかった？
うん…解けるのはわかったけど
なんでこの公式に当てはめると解けるのかなぁ
んー なんでって言われても あまりそういうこと考えたことなかったなぁ
公式ってそういうもんだから 覚えちゃえばいいんじゃない？
え？そう？

なに!?
勉強してんの?
ひょい
あ、信也
ちょうどよかった～
正義が公式の説明
してほしいって
私じゃわからないから
説明してあげて!
なに?
この問題?
これなら簡単だよ
公式に当てはめて…
だから解き方は
わかるのよ
正義はなんでそれで
解けるのかが
知りたいんだって
なんで…って
そりゃ公式だからさ
解けなきゃ公式
じゃないよ
うーん
でも…
そんなこと
考えてもしょうがないよ
習わないし
テストにもでないし
じゃ 俺
部活行くから…
逃げたな

・・・
もしどうしても納得できないんだったら 先生に聞いてみたら?
ありがとう
うん… そうする
カチャ
お! 正義
勉強はかどってるか?
うん
・・・
なんだ? わからないところでもあるのか?
お父さん理系だから聞いてみたら?
数学とか理科は得意だったのよ!

これなんだけど
なんでこの公式をつかうと解けるのかがわかんなくて…
なんでこの公式で解けるのかって?
へーっ正義も面白いところに疑問をもったな!
え?
さすがおれの息子!
これは高校で微分積分を習うとわかるんだけどな
うんうん
簡単に説明すると…
わかったか?
うん!なんとなく…わかった!
ありがとう!
高校の数学だから今 理解するのはちょっと難しいかもな
でもそうやって何にでも疑問を持つのはいいことだぞ!
これからは数学はお父さんに聞いたらいいわね♪
よかった!

右脳タイプか、左脳タイプか？

理屈を知りたがる左脳型

子どものタイプの分け方のひとつに、左脳型か右脳型かというタイプの違いがあります。

この違いはよく男性脳と女性脳と言われています。左脳型は男性脳と呼ばれ男の子に多く、右脳型は女性脳と呼ばれ女の子に多く見られます。

ですが、実際にはその反対の場合もあります。右脳型の男の子もいますし、左脳型の女の子もいます。理系の女性は左脳型の女性の典型ですね。

左脳型の子は物事を論理的に考えるので、理由・理屈を知りたがります。

勉強を教えていると「なんで?」「どうして?」という質問をよくしてきます。エジソンやアインシュタインの伝記を読むと、子どもの頃、先生に「なんでこうなるの?」

という質問をして、先生を困らせたということが書いてあります。

これは左脳型の子どもの特徴です。

左脳型の子どものもっとも大きな特徴は、この理由・理屈に大きな関心があるという点です。

「なぜこうなるのか？」「どうしてこうなのか？」ということがとても気になるのです。

算数・数学の勉強を教えていると「なんでこの公式で解けるの？」「分数の割り算はなんでひっくり返してかけるの？」という質問をしてきます。

算数・数学だけではなく、全ての教科に対して「なぜ？」「どうして？」の質問をします。国語なら「なんで体の部分の漢字には月偏《へん》・肉月《にくづき》が付くの？（股、胸、脳など）」、英語なら「なんで三単現には〝s〟が付くの？」、理科なら「どうしてリトマス紙は色が変わるの？」、社会なら「どうして歴史って似たような名前が多いの？（徳川家など）」といった質問をしてきます。

なんにでも疑問を持ちますし、理由・理屈を知りたがります。

正直、テスト前で時間のない時、先に進めたくて焦っている時にこういった質問をされるとイラっとすることもあります。「そんなことどうでも良いから、とにかく覚えなさい！」と言いたくもなります。

ですが、左脳型の子どもはこうした理屈を知ることで理解をしていきます。理屈がわかって、始めて納得して解くことができるのです。

ですから、「そんなことどうでも良いから、とにかく覚えなさい！」と言われてしまうと、納得がいかずに、モヤモヤを抱えたままになってしまいます。

できる限り理由・理屈を答えてあげることは大切ですし、もし私たちも知らないような質問をされたら、「ちょっとそれはわからないから、一緒に調べてみようか」と言って、一緒に調べてあげると、子どもの印象に残ります。そうすることで調べることの楽しさを感じてもらえます。

また、左脳型の子どもを見ていて興味深いのは漢字・英単語といった暗記物ですら理屈で理解しようとする点です。

漢字の偏《へん》と旁《つくり》の関係を調べたり、英単語の接頭語・接尾語による意味の区別をしたり、語源を調べたりして、理屈をつけようとします。

自分オリジナルの理屈が見つかると、とっても嬉しそうな顔をします。

そういったオリジナルの発見をした時に「そんなこと考えてないで、早く覚えなさい！」と言ってしまうと、子どものやる気を削いでしまうので、「へぇ、おもしろいこと見つけたね」と一緒に発見を喜ぶようにしています。

いつも暗記の右脳型

右脳型の子どもは感覚・感情を大切にします。あまり理由や理屈に興味はありません。主な質問は「どうやったら解けるの？」です。

勉強を教えている時に「要は覚えりゃいいんでしょ、覚えりゃ」と言う子は右脳型の子が多いです。

先程、左脳型の子どもは暗記物も理屈で理解しようとする、と書きましたが、右脳型の子どもはその点でまったく違います。漢字も単語も一語でひとつのまとまりであり、偏と旁の関係、接頭語・接尾語などにはあまり興味を持ちません。

私が語源の話をしてもあまり関心を持ちません。

教科に問わず「こういう時はこうすれば良いのね」と解法に関心を持ちますので、いわゆる暗記教科（社会全般、生物、地学、漢字など）が得意です。

右脳型の子を見ていて興味深いのは、数学のような理屈で考える教科でさえも暗記で解く点です。

たとえば、小学校での割合の問題、中学校での連立方程式、高校での恒等式の証明などは、理屈で覚えるとすべての問題に適用できるので活用しやすいです。

「なぜこうすると解けるのか?」がわかると、「この問題はどうすれば解けるのか」を見つけられるからです。左脳型の子どもの考え方はこれにピッタリと適しています。

しかし、右脳型の子どもは「なぜ解けるのか?」にはあまり興味がありません。

ですから「どうすれば解けるのか?」を次のようなパターン分けをして覚えます。

速さの問題はこのパターン
濃度の問題はこのパターン
個数の問題はこのパターン
割合の問題はこのパターン

右脳型の子どもに算数・数学を教えていて、子どもが「どうやったら良いかわかんない！」という場合は、このパターン分けが整理できていないことが多いです。

右脳型の子どもは、親や先生から「この子は本質的に理解していない」と言われることが多くあります。確かに「なぜこうなるのか？」ということに関心がありませんから、本質的に理解していないと言えるかも知れません。

ですが、それは理解の仕方の違いなので、無理に理由・理屈を教えてもあまり良い効果を生みません。**それよりも、子どもの理解の仕方に合わせて教えてあげる方が結果的にうまくいくことが多いです。**

この左脳型・右脳型を考えた時に大切なのは教え方です。

私自身は元々、理系の左脳型で、理由・理屈が大好きです。ですから、勉強を教える時には「なんでこうなるかって言うとね」という理屈を話すことが多いです。

ですが、右脳型の子どもに長々と理屈を話してしまうと、退屈してやる気を下げてしまいます。

先日、中学3年生に理科の「運動とエネルギー」を教えていました。私は物理が専門だったこともあって、「運動とエネルギー」は大好きなんです。それで、つい熱が入って「なんでこうなるかって言うとさ！」と熱く説明してしまいました。

しかし、この子は右脳型でそんな理屈には興味はありません。「ふん、ふん、ふん」とは聞いてくれていますが、話の内容は右から左です。

私が一生懸命説明した後に、この子から出てきた言葉は、

「で、どうやったら解けるの？」

でした（笑）。

結局、そこにしか興味がないんです。

右脳型の子どもに長々と理屈を説明しても、子どもにしてみれば退屈な話を延々聞かされるだけで、まったく興味がわきません。

それどころか、そんな話を無理矢理聞かされたら、段々やる気は落ちていきます。

それに対して、左脳型の子どもは理屈がないと満足できません。「なんだか良くわかんない」と腑に落ちないままになってしまいます。

それが続くと、勉強そのものから興味を失ってしまいます。


子どもが左脳型か右脳型を知って、どこに興味を持つのかをわかった上で勉強方法を考えると、興味の持ち方が変わり、やる気が上がっていきます。

何っ？ この点数っ!?
何なの23点って また英語じゃない
…
テスト前に新しい英単語は覚えておきなさいって あれだけ言ったのに！
23
前日は見なくても分かったんだけどなー
さくら（中2）
だから英単語は書いて覚えるの！
お母さんが中学生の頃はノートにびっしり書いて新しい単語を覚えたものよ
だって… 書くのめんどくさい
そうやって めんどくさいとか 言ってるから 身につかないんじゃない！
次の英語のテストで同じような点数だったら 部活辞めさせるからね
えーーーっ
「えーっじゃないでしょ!!
クドクド…

後日——
先生 見て下さい! この点数
あちゃー
さくらの家庭教師
今の子って書いて覚えないんですかねー?
母の子ども時代
カリカリ カリ カリ カリ…
先生、なんとか英単語を覚えるようにお願いします
ハイ♡
うわー外れたー
やたぁ当たりー♪
この騒ぎはいったい…
ちょっと! 何遊んでるの!?
あの お母さん 今ちょうど英単語を覚えているんですよ
はぁ!?
これは表に英単語 裏に意味が書いてあるカルタです
dictionary
英単語を見て 意味を言って当たったらカードが取れるんです
お母さんも一緒にどうですか?
いえ私は…
いいじゃん いいじゃん

でも先生っー どうしてカルタなんですか
もっとちゃんと書いたりしないと身につかないんじゃ……
けっこーう楽しい母
お母さん 優位感覚ってご存知ですか？
え
優位感覚は大きくわけて3つ
視覚 聴覚 体感覚があるんです
視
聴
体
たとえば視覚が優れている子は色・形・絵などに敏感で 目から入る情報に強く影響を受けます
さくらさんの場合は視覚と聴覚が優れていますから
カードを使うことで視覚に働きかけて声に出すことで記憶に残りやすくなります
discover
museam
discover
watch
その子に合った方法って大事なんですよ☆
へえ―――

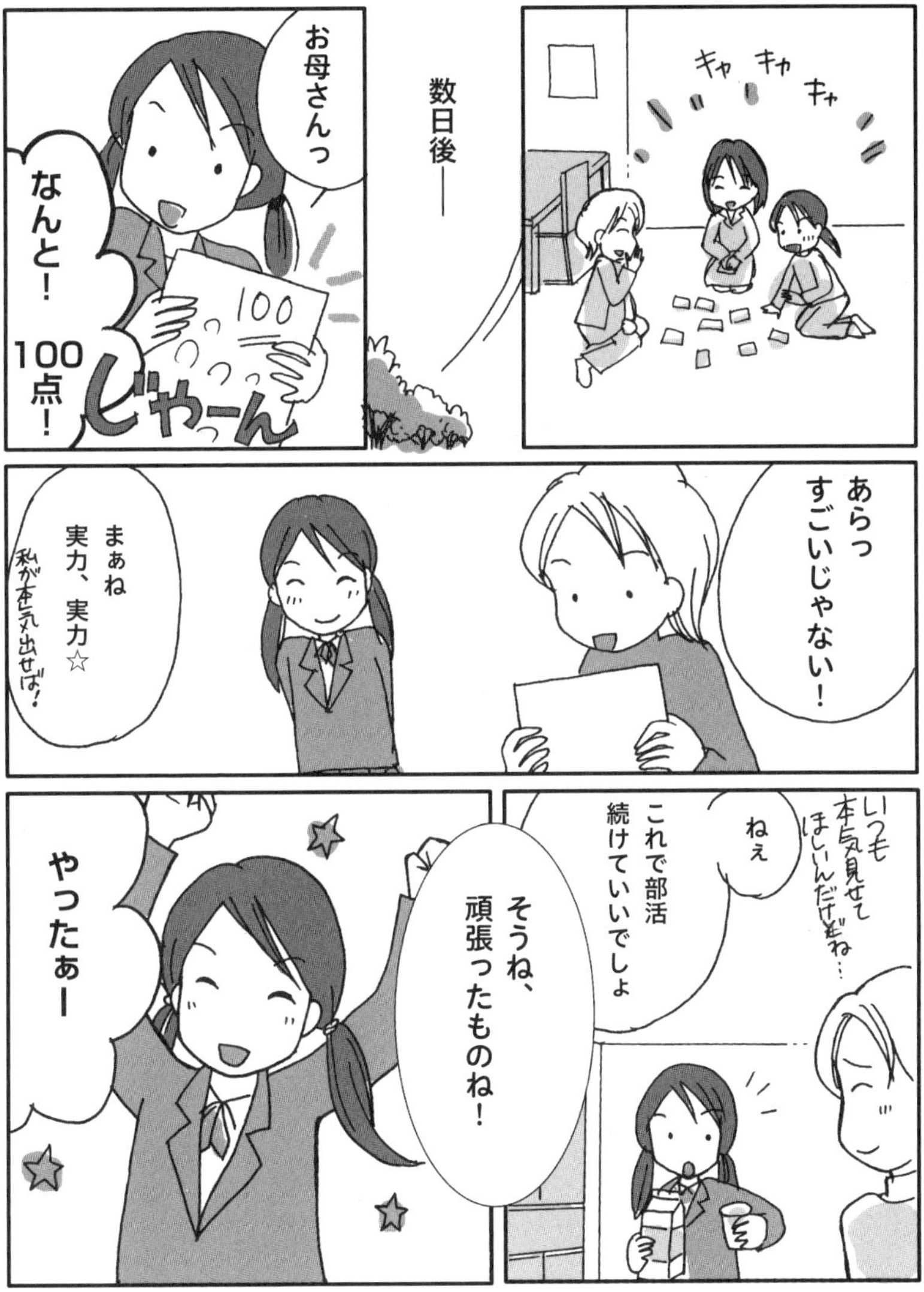

キャ キャ キャ
数日後——
お母さんっ
なんと！100点！
100
じゃーん
あらっ すごいじゃない！
まぁね 実力、実力☆
私が本気出せば！
これで部活続けていいでしょ
ねぇ
いつも本気見せてほしいんだけどね…
そうね、頑張ったものね！
やったぁー

優位感覚に合わせた学習法

タイプで分かれる記憶に残りやすい勉強法

このマンガの中で先生が活用しているのはさくらさんの「優位感覚」です。優位感覚というのは人がコミュニケーションを取る時に使う感覚で、大きく分けて視覚、聴覚、体感覚の3つがあります。そして、それらは人によって優位（優れている、敏感）な感覚が違います。

視覚が優れている子は色、形、絵などに敏感です。

聴覚が優れている子は音、声、音楽などに敏感です。

体感覚に優れている子は動き、感情、雰囲気などに敏感です。

子どもが持っている優位な感覚に合わせて勉強の仕方、教え方を変えると、効果的な勉強ができます。

視覚が優れている子は色、形、絵などに敏感で、目から入る情報に強く影響を受けます。絵を見たり、描いたりするのが好きだったり、人の外見をよく覚えていたりします。

親戚の人を茶色のおじちゃんとか、頭の大きなおばちゃんと言うように見た目で区別することが多いです。

視覚優位の子のノートは、カラーペンがいっぱい使ってあって、カラフルで綺麗です。教科書のいたずら書きもカラフルです（笑）。

視覚優位の子は目から入ってくる情報が強く残りますから、マンガの中のさくらちゃんのようにカードを使ったり、用途によって色を使い分けたりすると印象に残りやすいです。ポストイットなどを使って、大切なポイントを書いて貼っておくのも有効です。

説明をする時に図や絵を多く描いてあげたり、社会や理科などでは資料集を使いながら解説すると効果的です。ＤＶＤ教材を使うのも良い方法です。

聴覚に優れている子は音、声、音楽などに敏感で、耳から入る情報を良く覚えています。人が話した言葉をすぐに復唱することができたり、人とのやり取りを会話で覚えていたりします。

「母さん、あの時こう言ってたじゃん」と、人のセリフを良く覚えています。

気分の良し悪しが声の調子に出やすいのも特徴です。傾向として、長電話が好きな子が多いようです。

聴覚優位の子は耳から入ってくる情報が強く残りますから、ＣＤなどを使って音・声の情報を耳から入れると効果的な勉強ができます。音読させたり、テキストを読んで説明してあげるのも良い方法です。覚えたいものを録音して、学校の行き帰りに聴くのも良いです。また、集中するために静かな環境を作る。もしくは、心地よい音楽（歌詞のないもの）を軽く流しながら集中するのも効果があります。

ビジネスマンが通勤時に講演会のＣＤを聴いているのをよく見かけますが、あれは聴覚優位の方にはピッタリの学習法です。

体感覚に優れている子は動き、感情、雰囲気などに敏感です。体で感じることを大切にするので、服を選ぶ時も色や形よりも触り心地で選ぶことが多いです。

小さな頃は、触り心地の良いぬいぐるみがあると、それをいつでも抱いていたりします。

体感覚優位の子は問題が解けたらハイタッチをして一緒に喜んだり、「頑張ってるね」と肩をたたいてあげてスキンシップを取ると印象に残りやすいです。

勉強しやすい環境を作ることも大切です。書き心地の良いペンを選んだり、集中できるように手に何かを転がしながら勉強する子もいます。私の知り合いに、勉強する時は必ずふわふわのクッションをイスの上に敷いている人もいました。

マンガに出てきたお母さんのように書いて覚えるという方法は、体を使うので体感覚優位の子には効果的です。英単語や漢字は単語カードを使って歩きながら覚える、という方法も体感覚優位の子に合った方法です。

●ふだん使っている言葉でタイプが分かる

子どもの優位感覚を見分けるには、その子がふだんよく使っている言葉を聞いていると分かってきます。

人は自分の優位感覚に沿った言葉を使う傾向にありますから、同じような意味の言葉でも優位感覚によって使う言葉が違います。視覚優位の人は視覚に関係する言葉、聴覚優位の人は聴覚に関係する言葉、体感覚優位の人は感覚に関係する言葉をよく使います。

たとえば「覚えている」という意味の言葉を、視覚優位の人なら「見なくてもわかる」という言葉を使うかも知れませんし、聴覚優位なら「そらで言える」というような言葉、体感覚優位なら「頭に入ってる」というような表現を使うでしょう。

ここに優位感覚別によく使う特徴的な表現をあげてみます。

優位感覚別・よく使う表現

視覚優位の人がよく使う表現	イメージする、キチンとしている、目に焼きつく、暗い、明るい、透き通った、焦点が合ってない
聴覚優位の人がよく使う表現	よく聞いて、シーンとした・どよ〜んとするといった擬態語、カラカラと鳴る・ドンドン叩くなどの擬声語、ハッキリ言う、耳を傾ける、静まり返った
体感覚優位の人がよく使う表現	ホッとした、心が温かくなる、緊張がほぐれる、感動する、手触り、手さぐり、なまぬるい

子どもが使っている言葉を注意深く聞いていると、普段よく使う言葉にはこういった傾向が表れやすいです。

そして、優位感覚に合わせた勉強法を工夫することで、子どもの頭への入り方、印象がずいぶん違ってきます。自分に合ったやり方が見つかると勉強していても楽しいので、子どものやる気も変わってきます。

ぜひお子さんに合った勉強法を探してみて下さい。

短期集中型か、長期コツコツ型か？

おい陽太
今年は受験生だぞ わかってるのか
勉強の調子は どうだ？
陽太（中3）
うん… まあね
うん、まぁね じゃないわよ、まったく
あなた全然 勉強してないじゃない
お父さん 何とか言ってやってよ！ 勉強は日頃の積み重ねが 大事なんだから…
うん… まぁ陽太も やる時が来たら やるだろう
受験生と言ってもまだ 実感がわかないんじゃ ないか？ 4月だし…
SOCCOR

そんな悠長なこと言って！勉強は毎日の積み重ねなんだからやる時が来たらじゃダメなんですよ！

ねっ
もう受験勉強を始めてる子もいるんだから部活ばっかりじゃダメよ！

毎日コツコツね！

はいはい…

はいはいじゃなくて！ね、お父さん
そうだな…

ま、部活は夏までにして夏からは気持ちを切り替えてビシッとやらないといかんぞ！

うん
夏からってそれじゃ遅いわよ！勉強は積み重ねが大事なんだから今から毎日コツコツと続けなきゃ！

はぁ…

やっぱり勉強は集中してやらんと！受験は夏が勝負なんだから！夏は勉強モードに切り替えて気合入れてやれよ！

「夏を制する者は受験を制する」って言うだろ

夏が勝負だって言っても夏休みだけやればいいわけじゃないんだからね毎日30分でもいいから続けないと…
毎日続けるのも大事だけどやっぱり勉強はガッと集中してやらんと！ガッと集中してやればグンっと伸びるんだからな
だからそのためには毎日コツコツ！
もういい加減にして!!
さっきから黙って聞いていればコツコツやれって言ったり短期に集中してやれって言ったり！
どっち!?
そりゃぁ…
コツコツと
集中して
あ…
まぁ…コツコツとやることも大切だし短期間に集中してやることも大切だ…
…
コホン
両方大事なのよ

そんなの無理っ じゃあ 父さんと母さん 両方できたの?
私はコツコツと やったわよ毎日
俺は集中的に やったぞ 夏休みにガーーッと
ほら二人とも ちがうじゃん
何でおれだけ 両方やんなくちゃ いけないんだよっ
う・・・
もう俺のやり方で やるから放って おいて!
放っておいたらやらないから 言ってるんじゃない… やるんだったら 言わないわよ!
うるさいなぁっ まったく!
バン
何よ あの態度!! 黙ってやるんだったら 私だって言わないわよ!
お前の言い方も悪いん じゃないのか? あれじゃあダメだぞ
なによっ あなたまで もう勝手にして!

短期集中型か、長期コツコツ型か？

2つのタイプの進めかた

勉強の進め方、成長の仕方にもタイプがあります。短期集中型と長期コツコツ型です。

短期集中型は一時に集中して勉強をして、短期間にガッと成績を伸ばします。

中学3年生まで部活に一生懸命でまったく勉強してこなかったのに、部活動が終わると同時に一気に勉強をして、成績を上げるのはこのタイプです。

夏休みに大きくバケる短期集中型です。

長期コツコツ型は毎日少しずつ勉強を積み重ねていって成績を上げていきます。

毎日30分、1時間勉強をして、日々の予習復習をすることで少しずつ上がっていくタイプです。

夏休みなどに大きくバケることはありませんが、続けることが得意なので確実に着実に伸びていきます。

親子の会話を聞いていると、このタイプの違いがハッキリわかります。

短期集中型の親は子どもにもそれを求めがちです。

「勉強は集中してガッとやれば伸びるんだ。うちの子は集中力が足らん！」

「本気でやりたい時がきたら一気にやりなさい」

そう言われて、それに応えられる子どもは良いですが、長期コツコツ型の子どもは応えられません。

長期コツコツ型の子どもは、短期間にまとめて詰め込むことができないのです。

親からすると、「せっかく夏休みは十分な時間があるんだから、もっとまとめてやれば良いのに……」と思ってしまいますが、短期間に集中して習得することが苦手で、少しずつコツコツと積み重ねていくタイプなのです。

コツコツと進めていくので、あまり行動に波がありません。ですので「やる気がない」と思われがちですが、そんなことはなくて、やる気がコンスタントに持続しているのです。

長期コツコツ型の親は子どもにもそれを求めがちです。

「毎日少しずつ勉強しておけば、テスト前に慌てる必要なんてないのに……」

「夏休みに集中して詰め込むより、日々の積み重ねが大切だ。短期間で覚えたものは短期間で忘れてしまう」

これはすごくもっともな意見なのですが、短期集中型の子どもにしてみればかなり苦しい言葉です。特に日本は続けることを重んじる傾向にあり、「継続は力なり」という言葉が大切にされています。

もちろん続けることは大切ですし、そこから得られる力は強力です。

ですが、それが向かない子どもがいるということはわかっておく必要があります。

短期集中型の子どもはやる・やらないの差が激しく、ムラがあります。

やらない時はまったくやらないので、見ているこちらとしては、大丈夫だろうか？とハラハラします。

やり始めたら別人のように取り組み始めるので、こんなに一度に無理して大丈夫だろうか？　と心配になります。

結局、どちらにしても心配な子です（笑）。

子どもは正反対のタイプに憧れる

そして、この子どもたちはどちらのタイプでも、自分のタイプに悩みを持ちます。

長期コツコツ型の子は、必ず短期集中型の子に後から抜かれた経験があります。部活動で後から入ってきた人の方が、上達が早かったり、勉強でテスト前や夏休みや冬休みに集中して頑張った子に抜かれた経験です。

そんなとき、こういった悩みを持ちます。

「私はコツコツとちょっとずつしかできない。いくら毎日積み重ねていっても、結局抜かれちゃう」

「短い時間で集中してできる人には、僕が毎日少しずつ努力しても負けちゃうんだ」

短期集中型の子は、長期コツコツ型の子が積み上げてきた実績に憧れを持ちます。地道にコツコツと続けてきた人にしか出せない成果や経験の豊富さには敵わないと思いしらされることがあります。

そういったとき、こんな悩みを持ちます。

「僕は何をやっても続かない。すぐに忘れちゃうし、飽きちゃう。ひとつのことをずっと続けている人には敵わない」

「私はなんでこんなに続かないんだろう？　反省してもすぐに忘れちゃうから、結局いつも同じことの繰り返し」

この短期集中型と長期コツコツ型はウサギとカメの競争のようにどちらかが正しいとか、一方が優れているという類のものではありません。

長い目で見ると、どちらも抜いたり抜かれたりしながら成長していきます。

ですから、子どもがこういった悩みを持った時に、私たち大人がしっかり子どものタイプを認めて支えてあげることが大切です。

短期集中型の子どもには、

「確かに続けることは大事だけど、集中して物事に取り組む瞬発力も大切だと思うよ。もし全世界の人すべてがひとつのことをずっと続けたとしたら、そんなの面白くないじゃん。元弁護士の漫才師とか、元ヤクザの牧師がいた方がいいでしょ」

と続かないこと、興味が移ることを肯定的に捉えてあげます。

長期コツコツ型の子どもには、

「もちろん集中力・瞬発力のある子には敵わない部分はあるけどさ、やっぱりコツコツ続けていく人の力強さには敵わないよ。

短期間で大きな勢いをつけてジャンプをしても、いつかは落ちて地面に戻ってくるわけでしょ。だったら、少しずつでも確実に上がっていけた方が良くない？　一歩ずつ上がっていけば、いつかは頂上にたどり着くわけだからさ」

と、堅実さ確実さを強調してあげます。

そうすることで、子どもは自信を持って、また一歩先に足を出していけます。

塗り絵タイプか、重ね塗りタイプか？

そうだっけ…
またあ！圭人ちゃんと授業聞いてた？
そうだよ！
聞いてるよ！
あーそこはそうじゃないってそのままの式じゃ解けないからこっちの式を使うんだって
先生言ってたよ！
あ…ホントだ…
ちゃんと人の話聞いてるの？もう一回今の解いてみて
えーまた？
こう…？
そうじゃないってさっき教えたじゃん！
あー
あ、そうだった…
はあーーっ
なんで同じ塾へ行って同じ授業を受けてるのにこんなに違うのかしらねぇー
…
次の日――
圭人くん！

橋本先生…
今日はどうしたの？元気ないみたいだけど
僕…なんでできないのかなぁ
同じ授業を聞いているのに雅人はできても僕はできないもん…昨日もさ…
そっか…
でも先生は圭人くんのことできないって思わないよ
だって…
できないもん…
たしかに雅人くんと同じようにはできないけど圭人くんには圭人くんのやり方があるでしょ
僕のやり方？
うん！
圭人くんは何回も何回もくり返し問題を解きながら少しずつできるようになるタイプだと思うんだ
先日のテスト前 圭人くんは配ったプリントを何回も自分で解いたでしょ
あれは先生が何回も解きなさいって…
そのおかげで圭人くんはクラスで3位だったでしょ
3位
うん！あれはがんばった！

一回で覚えられなくても何回もやればちゃんと覚えられるんだから圭人くんのやり方でやればいいと思うよ！
雅人くんは雅人くん圭人くんは圭人くんは
そっか！わかった！僕は僕のやり方でがんばる！
そして…
こつこつこつこつ…
テキパキ!! テキパキ!!
う～ん…
2人共がんばってる…のかな？
ママー見て見てー
ドタバタ
あらっ テスト返ってきたの？どうだった
ほらほら見て!! バッチリ87点
わあ 雅人よくがんばったわね！
僕のも見てよ！
エヘン
え!! 92点 すごいじゃない！
圭人いつのまに…
2人共すごいっ ママうれしい
次は負けないぞ!!
へへーん

塗り絵タイプか、重ね塗りタイプか？

あきらめずに続ければ、知識は必ずたまる

子どものタイプの分け方に「塗り絵タイプ」か「重ね塗りタイプ」かという分け方があります。

これは勉強における理解の仕方の違いです。

塗り絵タイプの子どもは、塗り絵をするように一つひとつの単元を確実に理解しながら、塗りつぶすように進めていきます。

足し算を理解したら引き算、引き算を理解したら掛け算、掛け算を理解したら割り算という具合です。

一つひとつの内容を理解し、できるようになって次に進んできます。

重ね塗りタイプの子どもは、何回も重ね塗りをするように何度も何度も同じ単元を繰り返します。

足し算→引き算→掛け算→割り算→足し算→引き算→掛け算→割り算→足し算→……というように、広く薄く、重ね塗りをしていきます。

このタイプの子どもは一度では理解しませんので、何回も繰り返すことが必要です。

親が子どもに勉強を教える時にうまくいかないのは、特に重ね塗りタイプの子どもに教える時のようです。

このタイプの子どもはなかなか理解してくれません。一度では覚えてくれませんし、一度覚えてもまたすぐに忘れます。

ですから、

「さっき教えたばかりなのにどうしてできないの⁉」

「昨日できたのにもう忘れたの⁉」

「いつになったら覚えられるの⁉」

という言葉が出てしまいます。

そして、「うちの子はやる気がない」「うちの子はやってもできない……」と思ってしまいがちです。

ですが、実際はやる気がない訳でも、やってもできない訳でもなく、ただタイプが違うだけです。

重ね塗りタイプの子は何回も何回も塗り重ねていくことで覚えていきます。

私は重ね塗りタイプの子どもに教える時には、ザルに水をためるようなイメージを持っています。子どもの中のザルに水という知識をためるイメージです。

もちろん最初はザルにいくら水を入れてもそのまま下に落ちていくので全然水はたまりません。

ですが、あきらめずにずっとずっと水を入れ続けると、だんだんザルの目が埋まってきます。

なぜ埋まるのかはわかりません。小石が目につまるのか、水垢が付くのか、何かが少しずつ少しずつ目を埋めていきます。

そして、いつかザルの目が完全に埋まる時がきます。

そうすると、入れた水が入れた分だけちゃんとたまるようになります。


ザルの目は子どもによって細かさが違います。

粗い目の子もいれば、細かい目の子もいます。

早く目の埋まる子もいれば、なかなか埋まらない子もいます。

ですが、水を入れ続けていれば、いつかは必ず目が埋まります。

そして、目が埋まれば、入れた水はたまっていきます。


勉強を教えるのもこれと同じです。

一回では理解できないかも知れません。一度では覚えないかも知れません。

ですが、何回も何回も重ね塗りをするように教えていけば、少しずつ少しずつ知識がたまっていきます。

そして、いつかザルの目が埋まって、教えた内容を理解し、覚えてくれます。

私が覚えている限り、一人の子に最高37回同じことを教えたことがあります。その子は小学4年生の子でした。四則計算（＋－×÷の計算）がわからなくて、私が教えていました。

最初、5回を過ぎるぐらいでイラっとします。「これ、前も説明したよね⁉」「この間はできたよね⁉」と言いたくなります。

10回を過ぎると不安になります。「この子、大丈夫だろうか？」「理解できるのだろうか？」と心配になります。

20回を過ぎたあたりであきらめたくなります。「もう無理なんじゃないだろうか？」「この子にこれを望むのは、望みすぎなのかも知れない」と感じます。

30回になると覚悟ができます。「俺はこの子には毎回教えていくんだ」「わかるまで何回でもずっと教えよう！」と腹をくくることができます。

そして、ある時、ザルの目が埋まります。

「先生、僕、これ知ってるよ」と言うんです。「この間、先生教えてくれたよね」。

そう言われると、

「いやぁ、この間だけじゃなくって、今までずーっと教えてきたんだけどね（笑）」

と言いたくなるのですが、その気持ちを抑えて「そっか、よく覚えてるね」と言うと、「うん、ほら」と解いて見せてくれます。

この瞬間は小さな感動です。

たかが四則計算です。4年生ならできて当たり前のことかも知れません。

ですが、このザルの目が埋まった瞬間は何とも言えない感動の気持ちが生まれます。

あきらめずに教えて良かった、と思う瞬間です。


重ね塗りタイプの子に教えていて楽しみなのはこういった瞬間です。

「いつザルの目が埋まるかなぁ」と想像しながら教えるのはワクワクします。


重ね塗りタイプの子はこちらがあきらめずに水を入れ続ければ、必ずいつか水はたまります。

塗り絵タイプなのか、重ね塗りタイプなのか。

その子どものタイプに合わせて教え方を変えることで、子どもの中にはちゃんと知識がたまっていきます。

1組担任
ラスト10周!!
ラストスパート!!
ハイッ
来週はいよいよ
マラソン大会だぞ!
絶対に他のクラスに
負けるんじゃねぇぞ――っ
だりーなぁ…
負けるな
負けるなって
うぜー
んだよ…
たら　たら…
ほらそこっ!!
やる気あんのか?
そんなんじゃ
負けは
見えてるぞっ
はいはいはい…
3組は
いいよなー
みんな
がんばって――
来週はいよいよ
本番よっ
悔いが残らないように
練習するのよ――
はーーい
3組担任

よくがんばったね!
はぁ はぁ
はぁ
はぁ
Touch!
はぁ
はぁ
はぁ
はぁーー
畑山さん 最後までよく がんばったわね!
先生…私のせいで 他のクラスに 負けちゃったら ごめんなさい…
はぁ はぁ
大丈夫よ 畑山さん 勝ったとか負けたとか そんなことよりも そうやって一生懸命 努力して 少しずつでも 成長していくことが 大事なんだから
うん! がんばる!!
いよいよ 大会は 来週ですね 魚住先生
そうですねー 楽しみですね!
今年のうちの クラスはダメですねー 何が何でも勝って やるって競争心が 足りない
あらそうですか? 子どもはみんな 向上心を 持っていると 思いますよ!

勝っても負けても
どっちでもいいと
思ってたら
勝てないんですよ！
メラメラ
メラメラ
あの…
そんな勝ち負けに
こだわらなくても
甘いっ
そんな甘いこと
言ってたら 社会では
勝ち残れませんよっ!!
まぁ
あと一週間！
お互い頑張り
ましょう!!
ははは
ここはお互いのやり方で…
そうですね！
そして
マラソン大会当日――
おらっ みんな
負けるんじゃねえぞっ
…
ハイッ
ハーイ!!
みんな準備できたっ？ー

畑山さん、大切なのは自分が成長することだからね！
あまり順位は気にしないで
はい！昨日のタイムより一秒でも早くなるように頑張ります！
マラソン大会がスタート！
わぁーっ
そして
おらぁ負けるなぁー
がんばって
なんと3組が優勝!!
やったぁみんながんばったねっ
センセー私自己最高タイム!!
1組はビリ
しゅん…
なぜだ…

競争心と向上心

「勝ち負け」より「成長すること」が大切

塾選びの際に私がよく相談されることのひとつに集団塾と個別指導塾との比較があります。

「私は集団の中で競争心を持ってほしいんです。個別の学習では競争心が持てないのではないかと思うんです」という声をよく耳にします。

これは確かにそうだと言えます。

競争心は集団の中、他人との関わりの中で生まれるものです。

ひとりで生み出すことは難しいでしょう。

ですが、そこでひとつ考えたいのは、**「そもそも競争心は必要だろうか？」**ということです。

きっと「競争心を持ってほしい」とおっしゃるお母さんお父さんの気持ちの中には「競争心を持つことで、さらにやる気を出して、伸びていってほしい」そんな願いがあると思います。

ですが、実際の子ども達を見ていると、競争心を持つことでやる気につながる子どもが意外に少ないことがわかります。

競争することが好きではない子ども、競争することでやる気を無くす子どもが多くいるということです。

子どもが比較的小さな頃、幼稚園から小学校低学年までの子どもは競うことを好む傾向にあります。

かけっこをして勝ったり負けたりすることが大好きだったり、勝てもしないのに大人に挑戦していったり。

ですが、段々と負けることも覚えると、競うことを好まなくなってくる子が出てきます（面白いことに、その中には勝てる勝負なら好む子も相当数います）。

そういった子どもは競うことよりも、仲良く一緒にやることや自分のペースで進めることを好みます。

人とのつながりに価値を見つけたり、自分だけの時間や自分の個性を大切にする子どもです。

言い換えると、そういった子どもにとって競争はつながりを弱くしたり、自分だけの時間や個性を奪ってしまうので、やる気を失わせるものなのです。

中学2年生の本多綾香ちゃんはまさしくそうでした。綾香ちゃんは合唱部に入っていて、友達と一緒に歌うことが大好きです。合唱部に入った理由も友達に誘われたから、という理由です。

ですが、この合唱部の顧問の先生は違いました。競争心の強い、体育会系の先生です。練習中も競争心を煽《あお》るような檄《げき》が飛びます。

「後輩の1年生の方がよっぽどセンスがあるわよ！」

「○○中学の合唱部の練習はこんなもんじゃないわよ！」

「3年生を抜かすつもりで、負かすつもりで練習しなさい！」

こう言われることが綾香ちゃんにとっては苦痛で仕方がありませんでした。

「私は別に競いたいわけじゃないのに……」

「なんでいつも比べられなきゃいけないの？」

そんな気持ちを持ち続けていました。


夏の合宿の時に、ついに我慢できなくなった綾香ちゃんは、顧問の先生に意見をしました。仲良くやることが好きな綾香ちゃんにとっては、先生に意見をすることはかなりの決心が必要だったようです。

「先生！　私、そんな風に他の人と比べられたくありません！　部活でもっと仲良く楽しく歌を歌いたいんです！」

しかし、残念ながら顧問の先生にはわかってもらえませんでした。

「そんないい加減な気持ちでやるつもりはありません！　あなたにはもっとうまくなりたいとか、負けたくないという気持ちはないの⁉」

結局、綾香ちゃんは11月に合唱部を辞めてしまいました。

決して綾香ちゃんにもっとうまくなりたいという気持ちがなかったわけではありません。うまくなりたいからこそ厳しい練習にも一生懸命についていきました。

ですが、競争して勝ちたい、負かしたいという気持ちはありませんでした。

うまくなりたいという気持ち（向上心）は持っているけれども、誰かに勝ちたい、負けたくないという気持ち（競争心）は持っていませんでした。

しかし、先生の中では、

「うまくなりたいという気持ち（向上心）＝勝ちたい負けたくないという気持ち（競争心）」なのです。

「競争心がない＝向上心がない」と思われてしまったのです。


少し冷静に考えてみて下さい。

私たちが子どもに持ってもらいたいのはどちらでしょうか。

勝ったり負かしたりする気持ち。競争心でしょうか？

自分を高めたいという気持ち。向上心でしょうか？

社会に出て、働くようになると、一人でできる仕事なんてごくわずかです。ほとんどが誰かと協力をして一緒に作り上げていくものばかりです。競争することよりも協力することの方が大切です。

今はナンバーワンよりもオンリーワンだと言われています。

競って勝つナンバーワンよりも、その人ならではの個性を活かしたオンリーワンが重要視されています。

であれば、私たちが育てたいのは向上心です。競争心ではありません。

もちろん競争心を持つことで向上心を奮い立たせる子どもなら、競争心を煽ることも良いですが、そうでなければ競争心は必要ではありません。

むしろ人とのつながりを大切にしたり平和を好む子どもにとっては、やる気を削ぐ邪魔者かも知れません。

子どもが純粋に成長したいという向上心をふくらませることで、やる気を起こしていった方が、きっと将来に役立つのではないかと思うのです。

第4章 家族で目標を共有するコミュニケーション

ちょっと変わった承認

「作文セラピー」で夢と現実をつなげる

「少し先のゴール」を描くと、
すべきことが明確になる

ちょっと変わった承認

ただいま…
おかえり！
恵子（高3）
ふぅ…
どうしたの？
ん…
もう嫌に
なっちゃった
え？
裕子がさぁ
私の悪口を
言ってる
みたいなの
私のいない
ところで
ねぇねぇ
しってる？
えー
え？
何かあったの？
少し前に何か
わかんないけど
話してたら急に
怒り出しちゃって
裕子一人だけなら
ともかく
他の子たちも何か
言ってるみたいでさ
もう恵子なんて
しらないっ
ねーねー
えーやだ
くすくすー
ぱつん…
もう さいあく
女の子ってやだ

ま…
まあ人のウワサも
75日って言うし…
えーっ
じゃあ
あと2ヶ月も
これが続くの!?
もううんざりだよー
もう学校
行きたくないなぁ
ピンポーン
ハラハラ
あら誰かしら
あら亜紀子!
元気?
近く来たから
寄ってみたの…
母の友人
あら
何かあったの?
顔色が…
ううん…
実は恵子が
学校でちょっとね…
亜紀子ちょっと
話を聞いてあげて
くれない?
私じゃうまくいかなくて…
いいわよ!
恵子ちゃん
久しぶりっ♪
あ…
亜紀子さん
ケーキ買ってきたから食べよ♫
Cake

どうしたの？
元気ないじゃない
ハイどーぞ♥
うん…
ちょっと学校でね
学校？
友だち？
うん…
グループのなかの
一人の子が なんか急に
怒り出しちゃって 私の
いないところで 悪口を
言ってるみたいなの
そうなんだぁ
その子一人だけなら
いいけど 他の子も
何か言ってるみたいだし
もう さいあく
そっかぁ…つらいね
明日も同じ状況かと
思うと 学校へ行きたく
なくなるよ…
どうしたら
いいかなぁ…
ねぇ今 聞いてて思ったんだけど
友だちに陰口を言われて
最悪の状況なのに よくガマンして
学校へ行ってるわよね
私だったら行かないかもなぁ〜
すごいわぁ〜
よくガマンできるわね
えっ

だって…しょうがないし…
しょうがないけど それでもあきらめずに がんばってるって 私すごいと思うの
うん…まぁ前にもあったし
え？ 前にもあったの？ その時はどうだった？
しばらくは嫌だったけど ガマンしてたらそのうち 忘れるっていうか、言わなくなるから…
そっか！ ずっとガマンしてたんだね
まぁ一ヶ月くらいガマンすれば…
じゃあ、今回も1ヶ月ぐらいでなんとかなりそうかな？
うん…まぁなるんじゃない 話せる友だちも少しはいるし
そっか！ よかった！
また一ヶ月後話を聞かせてね！
うん ありがとう
♫♪
ぱたむ
亜紀子ありがとう～
いえいえ

ちょっと変わった承認

「さいあく」な状態にいるときの話しかけ

時々、子どもが失意のどん底で相談してくることがあります。

どん底とまではいかなくても、子ども達はよく「さいあくっ！」という言葉をよく使います。

どれほど最悪なのかよく聞いてみると、実際は大したことではない場合もあります。親に叱られたり、友達ともめてしまったり、バイト先の店長のグチだったり……。

しかし、子どもにとってみると、八方塞がりで最悪な状況にしか思えないのです。

思春期の子どものひとつの特徴として、苛立ちを感じやすい、不満を溜めやすい、人のせいにしやすい、といったことがあります。

最初はひとつの小さな文句だったのに、話していく内にあれもこれもと噴き出してきて、ヒートアップすることがよくあります。

そうなってくると、起こっていることすべてが不満の種になってきて、文字通り「さいあく」になってしまいます。

コーチングだけに限らず、どの子育て本を読んでも、子どもの話を聞くことの大切さが書いてあります。私もそう思います。

ですが、こうした「さいあく」の状態になってしまった場合、ただ話を聞いていただけでは不満が余計に拡がりかねません。

もちろん、それでもまったく聞かないよりはマシですが、話を聞いたばかりにいらぬ火種を作ってしまって、「さいあく」の状態を作ってしまったとしたら、話を聞いたこちらとしても責任を感じてしまいます。

そんな時、その「さいあく」の状態から脱け出すための質問がこれです。

「それでもあきらめずに頑張ってきたんだよね。その頑張りはどこからきてるの？」

「どうやってあきらめずに頑張れたの？」

この質問は、子どもが「さいあく」の状態に入り込んでしまって、どこをどう見ても悪いことだらけで出口が見えない時、良い面に目を向けるのが困難な時に使います。心理療法でコーピング・クエスチョンと言われるものです。

「そんなに最悪の状態なのに、よく投げ出さずにやってきているよね。いったいどうやってそれに対応してきたの？」という意味です。

そして、この質問をする目的は、質問に対する答えを得ることではなくて、**質問することにより、子どもを承認することにあります。**

そんな「さいあく」の状況の中で頑張っている子どもを認めてあげることです。

ですから、答えが返ってこなくても構いません。

マンガの中でも恵子の返事は、「だって、しょうがないし……」という答えです。

決して、質問に答えているわけではありません。

ですが、この質問をすることで恵子には承認が伝わります。

「さいあく」の状況の中でもあきらめずに頑張っている恵子に対しての承認です。

私たちは良いこと、できていることがないと承認できないと思いがちですが、まったく良いことが無い時にでも、こうした質問によって承認はできるのです。

その承認が伝わったからこそ、その後に「まぁ、なるんじゃない？」と前向きな気持ちに切り替えられたのです。

この質問をするために大切なのは、まずは子どもの今置かれている状況が大変だということを共感して受け止めることです。「大変だよね」ということをしっかり理解して、子どもに示します。

できている所に気づかせてあげる

コーピング・クエスチョンで子どもは2つのメッセージを受け取ります。その2つから承認を得ることができます。

そのひとつはねぎらいです。

こんな状況の中でも頑張っている自分に対して、ねぎらいのメッセージを受け取ることができます。

子どもたちはよく「お母さんはまったくわかってない！」と不満を言います。自分の大変さを親はわかってくれていないという意味です。

そのわかってくれない苛立ちが、より不満を大きくしてしまいます。


そんな時にコーピング・クエスチョンを使い、子どもの大変さに共感を持つことで、ねぎらいのメッセージを伝えます。

そうすることで、子どもに「この人はわかってくれている」という安心感を持ってもらえます。


ふたつ目はできているところを見つけてもらえることです。

まったく最悪の状況で、うまくいっていることが何もないように見えても、

「どうやってあきらめずに頑張れたの？」

と聞くことで今できていることに目を向けることができます。

もちろん、そう聞いても「わかんない」と素っ気ない返事が返ってくることもあります。

「はぁ？　そんなこと言ってもさ」とそのまま不満を話し続けることもあります。

ですが、何回か繰り返してたずねているうちに徐々に返事が変わってきます。

「どうやってあきらめずに頑張れたの？」

「へぇ、よく投げ出さずにいられたね。なんで？」

いろいろ言葉を替えながら、子どものできているところにスポットを当てていくと、小さなできている明かりが見つかります。そこから、子どもに承認が伝わっていきます。

段々と話のトーンが落ち着いていきますし、

「まぁ、そんなことばっかり言っててもしょうがないか」

と少し表情が明るくなっていきます。

ぜひ子どもが落ち込んでいる時に、こうしたコーピング・クエスチョンをしてあげてください。

「作文セラピー」で夢と現実をつなげる

次の授業——
今日は作文だね 題名は「中学生になってやりたいこと」にしようか
えーー そんなん何書いていいかわかんないよ〜
まず何を書くかを考えてごらん
え？
先生がいろいろ質問していくから鈴香ちゃんはそれに答えてね
うん わかった
まず中学生になってやりたいことってなに？
中学を楽しく過ごしたい！
おっ いいね〜！
じゃあ中学を楽しく過ごすためにはどんなことができたらいい？
友だちと楽しくいろんなことができたらいいな〜♫
どんな友だちがいたらいい？
うーん 大人っぽくて私と話が合う子！ あと優しい人…！ 無視したり悪口言ったりしない！
じゃ その友だちと何をしたい？
買いものに行ったり 買い食いしたり…
あはは

あ！ 遊ぶばかり じゃなくて 一緒に勉強したり
部活
勉強
ショッピング♫
遊びと勉強を バランスよく やりたいな
うんうん その友だちと一緒に 遊びと勉強を バランスよくできたら どんな良いことが あるかな？
学校が好きに なると思う
そうだよね 学校が 好きになったら どうなる？
学校に行きたい って思える！
学校へ 行きたいって 思えたら…？
学校が楽しくなる♪
そうだよね！ ほら見て！ 最初に書いた 「中学を楽しく過ごしい」 ってことにつながった！
あ！ ほんとだ!!
これをまとめて 作文にすれば 書けない？
そっかぁ やってみる！

こう
こう…
書けたぁー!!
おー
読ませて
読ませて
へー
良い作文だね
これ!
ほんと?
ママにも
見せてくる!!
よくこんなに
しっかりした作文
が書けたわねー
ですよねー
私が小6の頃 こんな文章
書けませんでしたよ
ねえ これ本当に
私が書いたんだ
よねー?
そうだよ?
なんで?
いや良い作文だなぁー
って思って
こんな作文を
私が書けたんだぁーって

「作文セラピー」で夢と現実をつなげる

インタビューで希望を引き上げる

正直に告白すると、私は小学校の頃から作文が大嫌いでした。

とにかく文章を書くことが大の苦手だったので、作文や感想文、レポートなど、とにかく文章を書かなきゃいけないというだけで気が重くなっていました。

ですから、この作文嫌いの鈴香ちゃんの気持ちはよくわかります。

マンガの途中で鈴香ちゃんが言っている「何を書いていいかわかんない」という気持ちを、私も子どもの頃に持っていました。

鈴香ちゃんの作文の授業をやることになった時、そんな作文を嫌いな気持ちを少なからず軽くしてあげたいと思いました。

そうすることで、中学からは学校に通いたいと思っている鈴香ちゃんの背中を押してあげたかったのです。
大人になってから、文章を書く力はとっても役に立つということを知りました。
仕事をしていると、文章を書く機会は限りなくあります。
また人前で話す時にも文章を書きます。
そして、会話はすべて文章です。
「あの人の話はなんだか要領を得ない」と思われるか、
「あの人の話はわかりやすい」と思われるかは、文章を書く力の違いです。
ですから、鈴香ちゃんにも文章を書く力をつけてあげたいと思ったのです。

そして、その作文の授業をする中で、まったく違う作文の効果を見つけました。
名づけて「作文セラピー」です。

作文のタイトル「中学生になってやりたいこと」は、作文にはよくあるタイトルですが、このタイトルにしたのにはひとつ理由がありました。
それは、このタイトルにすると「中学生になったら学校に行く」という前提が作れるからです。

作文の中で、中学に通っている鈴香ちゃんの姿をイキイキと描くことで、「中学校に通いたい」という気持ちを強くしてあげたかったのです。

作文を書くために、インタビューをして書く内容をメモしていきました。これにも意味があるのですが、それはあとで触れます。

鈴香ちゃんが書いた作文を読むと、鈴香ちゃんが楽しく学校生活をおくるためには友達との関係が大きく影響していることがわかります。

実際、鈴香ちゃんが学校に行けなくなった理由のひとつに、友達との関係がうまくいかなかった点がありました。


少し大人っぽくてしっかりしている鈴香ちゃんは、小学校の幼い友達とは相容れない部分が多くありました。

特に精神的に幼い男子がやることの中には、気に入らないこともあったようです。

建前上は作文を書くためのインタビューですが、それによって鈴香ちゃんの心の中で何が起こっているのか、何を問題としているのか、どんなことを感じているのかを知ることができました。

これは普段の会話の中ではなかなか聞けなかったことでもあり、鈴香ちゃんが言えなかった本音でもあります。

マンガを読むとまるでスラスラと話していたように見えますが、本当はそれほどすんなりとは進みませんでした。

「どんな友達がいたらいいかな？」と聞いた時、最初は学校に行っていた時のクラスメイトの悪口が出てきました。

自分のお誕生日会の時に、主役の私がやりたいことよりも他の男子のやりたいことが優先されたこと。

クラスに嫌いな女の子がひとりいて、その子のせいでクラスの雰囲気が悪くなっていたこと。

周りの子どもはガキで、大人っぽい私とは合わなかったこと。

そして、クラスの中で孤独を感じていたこと。

そんな嫌だったことを言い切った後に、「だから、中学ではちょっと大人っぽくて、話の合う、優しい友達と一緒にいたい」と未来に向かう言葉を出してくれました。

私がインタビューをしてメモを取ることの利点は、子どもから出てくる話の取捨選択ができるところにあります。

子どもにこういった話を聞いていると、必ずと言っていいほど悪い話が出てきます。悪口だったり、グチだったり、不平・不満です。

こういった話は思春期の子どもであれば出てきて当たり前なのですが、それを集めても良いことは何もありません。

ですから、インタビューをしながら、そういった話は聞き流していくのです。

もちろん、ちゃんと話は聞くのですが、悪い話のメモは取りません。メモを取るのは良いことだけです。

ですから、最後のメモには良い内容だけを残すことができます。それを作文にすると、子どもの望んでいる姿が描けるわけです。

インタビューの中で、鈴香ちゃんから
「学校を好きになる」
「学校に行きたいって思う」

「この学校は私に合った学校なんだなって思う」

と学校に対する望みが出てきた時はグッときて、涙が出そうでした。

ずっと学校にそれを求めていたということが、この時に初めてわかったのです。

不登校の子どもに限らず、子どもはなかなか本音を話したがりません。それは成長の証《あかし》でもあり、思春期のひとつの特徴でもあります。

しかし、「作文を書く」という口実を作ることで、子どもも本音を話しやすくなるようです。

別の不登校の中学生では、将来ペットショップで働きたいと書いた子がいました。

ペットの気持ちがわかる店員さんと一緒に働いて、しつけもできて、ペットを安心して預けられる店を作りたい。ペットのオススメの髪型を提案したり、ペットの写真を撮ってハガキにしてプレゼントをしたりもしたい。犬の相談をなんでも話せる人になりたい。

そのために、高校を卒業したら専門学校に行く。

そのためには高校はそこそこの成績で良いから通う。
そんなことを話してくれました。

将来の目標へ向かうために、今からどういう道を進んでいったら良いのかをインタビューの中で見つけていったのです。

実はこのインタビューのプロセスそのものが、心理療法のひとつのステップになっています。

将来の望む姿を描き、そこから少しずつ現在へ時間を戻すようにインタビューを進めていきます。

そうすることで、これから進んでいく道がみつかるのです。

これが「作文セラピー」の効果です。

本にもなっていますが、イチローが小学6年生の時に書いた「僕の夢」という作文には、見事にこのプロセスが書かれています。

将来の望む姿（一流のプロ野球選手）とそこに至るまでの道です。

その当時のイチローがコーチングを受けていたわけではないと思いますが、こうした作文には夢と現実とをつなげる力があると感じています。

「少し先のゴール」を描くと、すべきことが明確になる

子育てをしていると日々いろんなことが起こります
よいことも悪いこともたくさん起こります
やったぁー!
1等賞
やったー
しゅん…
学校いきたくない…
ハラハラ
日々起こる出来事に巻き込まれているとどう対応したらよいかわからなくなる時があります
そんな時 私からお願いしていることがひとつあります
少し先のゴール!!
それは「少し先のゴール」を持ってほしいということです
少し先といってもいろいろあります
社会人になる時にどういう社会人になってほしいか
エリートサラリーマン!
中学校や高校を卒業する時にどういう親子関係を築いていたいか
仲良し山登り親子
この受験で何を学んでほしいか
自信
やる気!!
そんな 少し先のゴールです

なぜかと言うと
少し先のゴールを
持つと
今 何をすべきかが
見えてくるからです
3人の方の
例を ご紹介
します！
尚美です
高校入試直前なのに
勉強しない息子に
手を焼いています
テレビを見て
ゴロゴロしてばかり！
つい口やかましく
言ってしまいます
あはは
自主性に任せたいのは
やまやまなのですが…
うちは
中学受験を
控えてます
優子
ただ志望校の
レベルが高くて…
本人の実力では
合格できないと
思うのですが
他は受けたく
ないようです
僕がんばるっ
落ちたとき どうしたら
いいのかわかりません
うちの悩みは
お金のこと
愛美
娘が受験生ですが
塾や家庭教師に
どれくらい
お金をかけるもの
なのか…
塾は月謝の他に
夏期、冬期講習も
ありますし…
○○塾
子どもが
やりたいと言うなら
やらせてあげたいけど
無限にお金が
あるわけではないし…

こういった悩みを持たれている方は多くいらっしゃいます
そして、こうした悩みには正解があるわけではありません 人によって答えは違います
受験
もう少しよー
あなたは その受験をすることで どんな親子になりたいですか？
それを越えたとき子どもに何を得てもらいたいですか？
そうだなぁ私は信頼しあえる親子関係を築きたい！
あはは
そのためにはもうあれこれ口出ししないほうがいいわよね
お母さんあなたを信頼する！ 今日からもう勉強しなさいって言うのはやめるね
えっ
いや、俺も忘れてるときあるからさ気づいたら言ってよ！
実際はこんなもんなんですね
でも信頼関係を作るための一歩を踏み出せた気がします

息子には強い子になってほしいです！
またがんばるよっ
受験に失敗しても高校受験でもう一度挑戦してほしいです
そのためには私が子どもの失敗を受け入れられる強さを持たなきゃ！
がんばりますっ
私は受験が終わった後親子ともに「やりきった」って思いたい！
はればれ〜
がんばった！
そのためには受験までにかかる費用の計画を立てなきゃ！
これとこれはゆずる!!
計画した分はきっちり使い切って ダメならあきらめがつきます
このお母さんたちは少し先のゴールを持つことで「今」が見えてきました
子育てをしていて迷った時向かう先がハッキリしていると今 何をすべきなのかが見えてきます
どっちだっけ？
こっち
ぜひ少し先のゴールを持ってほしいのです

「少し先のゴール」を描くと、すべきことが明確になる

指針を与えてくれた家族のひと言

少し先の望む姿を描く。

私がこのことに気が付いたのは、妻との別れの時でした。

妻は元々、体が強くなく、子どもの頃から何度も大きな病気にかかっていました。

急性白血病にかかり骨髄移植をし、C型肝炎にかかった時は、その当時は未認可だったインターフェロンを使って治療しました。自然気胸、肺結核にもなりました。

そして、最後、間質性肺炎にかかって亡くなります。妻が30才の時でした。

私は妻の最後の入院の時にひとつの望む姿を描きました。

それは、妻に「結婚して良かった」と思ってもらうことでした。

妻は才能もあり努力家でした。冷静に見ても私よりずっと有望でした。

好奇心旺盛な彼女は生きたい、もっといろんな経験をしたいと思っていました。
そんな妻がたった30年で人生を終えなければいけないとしたら、何を思うだろうか。
もし、私が妻の立場だったら、なにを考えるのだろうか。

なんで私ばっかりこんなに病気にかかるの？
どうして私だけこんなに早く死ななきゃいけないの？
こんなことになるなら結婚なんてしなきゃ良かった！
そう思ってもおかしくありません。

では、私にできることは何があるだろう？　そう考えた時、妻が少しでも悔いが残らずに旅立てるように、私と結婚して良かったと思ってもらいたかったのです。人生の最後に私と一緒にいて良かったと思ってほしかったのです。

ですが、入院生活をしていると、そのゴールにまっすぐに進めない時が出てきます。
それが揺らぐ出来事が起こります。「どうしたらいいんだろう？」と悩む時が。

入院してしばらくした時に、最初のその出来事が起こりました。

担当の医師から「ご家族の方だけにお話があります」と呼ばれました。

経験のある方ならわかると思いますが、この「ご家族の方だけにお話があります」というのはあまり良い話ではありません。


担当の医師からはこう言われました。

「奥さんは子どもの頃から今までいろんな病気にかかってきて、そのたびに戦って乗り越えてきました。今、私たちも考えられる最善の方法を尽くしています。ですが、残念ながら、もう打つ手がないというのが正直な現状です。いつまで生きられるのかは正直わかりません。このまま半年もつのか、それとも一週間後なのか、もしかすると明日なのか。それはわかりません。ですが、このまま2年3年ということはないと思います」


この話があった後、しばらくは妻にこのことを話せませんでした。

それまでは、なんでも話して一緒に考えてきたのに。

だって、妻は今も「退院する」「もう一度家に戻る」と一生懸命病気と戦っています。その妻に向かって、「もう無理だよ」とは言えません。

ですから、病院で妻の前にいる時は「早く退院できるといいね。家に帰ったら何しようか？」と励まして応援します。

ですが、家に帰ると違います。現実は変わっていません。もしかすると明日かもしれないんです。

こんな状態があと何日続くんだろう？　と考えると出口が見えない暗闇の中にいる気分になります。

妻の前で、自分に嘘をついて、明るく振舞うのはとても苦しいことでした。

今振り返っても、この時期が一番辛かったです。

その時に相談に乗ってくれたのは私の姉でした。

私が家で悩んでいる時に、私にこう尋ねてくれました。

「ねぇ千明さんの人生の最後の最後に、うその演技をしたまま別れたいの？

それとも、正直に本当のことを話して、うそのない素のままで別れたいの？」

この姉のひと言で私は気が付きました。

正直に話すのか、このまま黙って過ごすのか。

この2つの道のうち、私のゴールに向かうのはどっちなのか。


次の日、私は妻に正直に話しました。ベッドの横に座り、「ちょっとだけいいかな?」と話し始めました。

話しながら、私の方がボロボロ泣いてしまいました。

妻は黙って私を見て、ジッと聞いていました。

そして、私が話し終わると、力強い声で言いました。

「隆司、大丈夫。でも、私、退院できるように頑張る。いいでしょう?」

強い言葉です。私が反対に励まされました。


正直、こういったケースで本当のことを話した方が良いのか、それとも本人には話さず黙っていた方が良いのか、どっちが良いのかはわかりません。

私たち以外のケースでどちらが良いかはわかりません。

ですが、もし望む姿が描けていれば、そのゴールに向かう道筋がわかるかも知れません。

次の出来事はそれからしばらく経った後でした。

いよいよもう限界という時です。

妻は肺を患っていたので、肺の機能が落ちていきます。肺の正常な機能である、酸素を取り入れて二酸化炭素を出すことができません。

そうすると、血液中の酸素濃度が落ち、二酸化炭素の割合が高くなっていきます。慢性的な酸欠が続いているようなものです。吸っても吸っても十分に酸素が回らないので、苦しさがずっと続くのです。

そのまま放っておけば、どんどん苦しくなっていきます。そして、苦しいまま二酸化炭素は増えていくので、いずれは意識が無くなっていって、亡くなります。

いつまでその苦しい思いをさせておくのか?

その時の対応策としてはモルヒネがあります。

点滴を使って体内にモルヒネを入れれば、楽にはなります。楽にはなりますが、かといって肺の機能が良くなるわけではないので、意識がなくなるのは変わりません。

要は、楽になる、というだけです。

その時も悩みました。

なぜかというと、モルヒネを入れたら、もう後戻りはできないからです。途中で様子が良くなってきたからといって止めることはできないのです。

ですから、モルヒネを入れるということは、ある意味そこで手放す覚悟がいるわけです。

しかし、覚悟といっても、自分の命ではありません。自分の命ならまだあきらめもつくかも知れません。自分が納得すれば、「もう十分だ」と思えるかも知れません。

ですが、他人の命です。他人の命を、私の意思であきらめることなんてできません。

でも、決めなければいけないんです。だって、目の前で妻は苦しんでいるわけですから。

いつまで苦しませるのか？

少しでも長く一緒にいたい。その気持ちは、私も妻も同じです。

相手を大切に思っているからこそ悩みます。ものすごい葛藤でした。


その時の指針になったのも、やはり望む姿でした。

どうすることが私たちの望む姿に向かう道なのかと考えた時に、決断できました。

「そうか妻と相談をしよう。これは俺がひとりで考えることじゃない。二人で決めることだ」と気が付きました。

だって、今までもそうしてきたのですから。


妻に現状をすべて話しました。そして、尋ねました。

「千明、どうしよう？」

そうしたら、妻は
「もういいよね？」

と私に聞くんです。

「もうがんばったよね？」

もう十分に頑張ってます。これ以上頑張れなんて、誰も言えません。

そうしたら、妻が「私、死ぬの恐くないよ」と言うんです。

以前は「死にたくない」とおびえていた妻が「もう私、恐くないよ」って。

私以上に、妻はしっかり覚悟ができていたんです。

看護婦さんに2人の希望を伝えて、そして、モルヒネを入れ始めました。

医師と看護婦さんが出ていった時に、妻が私をベッドの横に呼びました。

「意識が無くなっちゃったあとだと言えないから」

そして、私の顔をジッと見て言いました。

「私、隆司と結婚してよかった。ありがとう」

私は言葉になりませんでした。その時の妻の表情と言葉は今でもハッキリと覚えています。

そして、妻はその日の晩に亡くなりました。

ドン底のときこそ未来を描く

少し先の望む姿を持つと、心の指針を持つことができます。

心の指針を持つことができると、今、何をすれば良いのかがわかります。

子どもと関わっていると、いろんな出来事が起こります。子どもは、時にとんでもないことをします。

腹も立ちます、がっくりもきます、悲しくなったり、落ち込んだり、カッとなったりもします。

そして、どうしたらいいの？　と悩みます。

そんな時に、

「ちょっと待って、私たち、どっちに向かってるの？」

「望んでいる姿はどこにある？」

と向かう先がハッキリしていると、今、何をすべきなのかが見えてきます。


子どもが勉強をしない、学校に行かない、言うことを聞かない、反抗ばかりする、

「どうすりゃいいの⁉ どうしてほしいの⁉」と悩みます。

そんな時に少し先の望む姿を描けていたら、今の対応が見えてきます。

そっか、まず勉強の楽しさを感じさせてあげよう。

じゃあ、家でできることを探そう。

今はそっとしておこう。

そういった一歩が見えてきます。


ですが実際には、困難な時に親子ともに描きがちなのが、最悪のシナリオです。

「こうなったらどうしよう⁉」という望まない姿ばかり描きがちです。

子どもが不登校になると、

「このまま学校に行けなかったらどうなるんだろう？」

「このまま引きこもりにでもなったら、この子の将来はどうなっちゃうんだろう?」

「このままじゃまともな高校・大学に進めない」

「就職できなくてニートになったらどうしよう!?」

行き詰ってしまった子どもや親のほとんどはそんな最悪のシナリオを持っています。

不幸のドン底にいる人はなかなか望む姿が描けません。将来に希望が持てないからです。そして、そんな最悪のシナリオからは、生産的なものは何も生まれてきません。

生まれるのは、不安と心配と不信感だけです。

しかし、それは見方を変えると、望む未来像を描くことで、将来に希望が持てるようになるということでもあります。

「学校に行けたら、どうなるんだろう?」

「成績がトップクラスに上がった時には、どんな風に通えるだろう?」

そんな未来の望む姿が描けたら、将来に希望が持てて、前に進む次への一歩につながります。

そして、これは親子だけではなく、夫婦でも少し先の望む姿を持ってほしいのです。

夫婦として、20年後30年後どうなっていたいか？

どちらかが亡くなる時、どういう別れを迎えたいのか？

子どもが大きくなって家から離れていって、家の中に夫婦二人きりになった時にどうなっていたいのか？

ある講演会でこの話をした時に、「このままじゃいけない」と思ったお母さんが、旦那さんの好きな名古屋グランパスの試合のチケットを二枚買って、一緒に観に行ったという話を聞きました。

ある奥さんは、「私、旦那と一緒に同じテレビを観てみるわ」と言っていました。

これらは少し先の望む姿を持つことで、今の行動が変わるという良い例だと思います。

ぜひ少し先の望む姿を描いてみて下さい。

おわりに

最後まで読んでいただいて本当にありがとうございました。

私は講演会の最後にこんな提案をしています。

「ウルトラマンになって下さい」


講演会に来て下さったお母さん方と講演会後にお話しをしていると、子育てでうまくできなかったことを気にされている方が多くいらっしゃいます。

「あぁ……今日もまた怒っちゃいました……」

「なんで我慢できないんでしょう……」


私、完璧な子育てなんて無いと思います。

必ず至らなかった点や、うまくできなかった事はあると思います。うまくいったことでも、視点を変えたら悪かったということもあります。

もっとこうすれば良かったということを言い出したらきりがありません。

そんな時、ウルトラマンになってほしいのです。ウルトラマンだって、怪獣と戦えばビルの2つや3つは壊します。電線の1本や2本は切っちゃいます。だからといって、怪獣を倒した後に、

「あぁ～……今日もビルを1つ壊しちゃった……」

「なんでもっと早くスペシュウム光線を出さなかったんだろう……」

と落ち込んでいるウルトラマンなんて見たことないですし、見たくもありませんよね（笑）。

「シュワッチ☆」と飛んでいくからカッコいいんです。

私達も同じです。子どもと関わっていると、うまくいかないことはたくさんあります。

「またやっちゃった……」「なんで我慢できなかったんだろう……」と思うこともあります。

そんな時は、ぜひ「シュワッチ☆」と明日に飛んでいってほしいのです。

私も毎日「シュワッチ☆」です。

この原稿を書くにあたってお世話になった方にお礼を言わずには終われません。

総合法令出版の有園智美さん、米田寛司さん。なかなか筆の進まない私を力強く支えて下さってありがとうございました。おかげで最後まで書くことができました。

海藻明代さん、福田潔子さん、桑原修子さん、來田文香さん、平沢恭子さん、橋本和子さん、山崎みどりさん。突然夜中に電話をかけたり、長いメールを送ったりしても嫌な顔一つせずに相談に乗っていただいて、本当にありがとうございました。

今回もたくさんの子ども達にも協力してもらいました。美里さん、健悟くん、啓悟くん、和史くん、菜花さん、祐弥くん、弘次くん、みんながいてくれたおかげでこの本ができました。ありがとねっ★

そして、最後にこの場をかりて、私の父・大塚三喜夫、母・大塚八千代にお礼を言いたいと思います。両親がこの体を授けてくれたおかげで今の私がいます。親孝行は未だにできずにいますが、本当に感謝をしています。

大塚隆司

★大塚 隆司 Otsuka Takashi

1969年生まれ、愛知県名古屋市出身。大阪教育大学教育学部卒。

財団法人生涯学習開発財団認定コーチ、NPO法人ハートフルコミュニケーション ハートフルコーチ、サンタフェNLP／発達心理学協会認定NLPプラクティショナー。

食品会社営業職を経て某有名学習塾に転職。10年以上、広汎性発達障害の子ども、不登校児など様々な親子にかかわり、1000組以上の親子関係をサポートしてきた。

コーチング、ファシリテーション、ブリーフセラピーなどを学び、親子ならではのコミュニケーションの特徴を見つける。現在は働く親の味方になるため、よりよい親子関係を作るための講演、ワークショップを各地で開催中。コーチング、カウンセリングを活用した治療的家庭教師として、直接子どもへのサポートも行っている。著書に『思春期の子が待っている親のひと言』（総合法令出版）がある。

マンガでわかる!

思春期の子をやる気にさせる親のひと言

2011年4月5日 初版発行

著者 大塚 隆司
発行者 野村 直克
発行所 総合法令出版株式会社
〒107-0052
東京都港区赤坂1-9-15
日本自転車会館2号館7階
電話 03-3584-9821（代）
振替 00140-0-69059

装丁 後藤美奈子（MARTY inc.）
カバーイラスト 石坂しづか
本文デザイン 土屋和泉
印刷・製本 中央精版印刷株式会社

ISBN978-4-86280-247-7
落丁・乱丁本はお取替えいたします。
総合法令出版ホームページ http://www.horei.com/